LA HISTORIA QUE TE CUENTAS

CÓMO CONTARTE UNA HISTORIA DE ÉXITO

PAOLA HERRERA

BARKER & JULES®

BARKER & JULES®

LA HISTORIA QUE TE CUENTAS

Edición: Barker and Jules™
Diseño de Portada: María Elisa Almanza | Barker & Jules Books™
Diseño de Interiores: María Elisa Almanza | Barker & Jules Books™

Primera edición - 2020
D. R. © 2020, Paola Herrera

I.S.B.N. | 978-1-64789-224-1
I.S.B.N. eBook | 978-1-64789-199-2

Todos los derechos reservados. No se permite la reproducción total o parcial de este libro, ni su incorporación a un sistema informático, ni su transmisión en cualquier forma o por cualquier medio, ya sea electrónico, mecánico, fotocopia, grabación u otros, sin autorización expresa y por escrito del autor. La información, la opinión, el análisis y el contenido de esta publicación es responsabilidad de los autores que la signan y no necesariamente representan el punto de vista de Barker & Jules Books.

Las marcas MorlisBooks™, Barker & Jules Books™, Barker & Jules™ y sus derivados son propiedad de BARKER & JULES, LLC.

BARKER & JULES, LLC
2248 Meridian Blvd. Ste. H, Minden, NV 89423
barkerandjules.com

Para mis hijas

SUSCRÍBETE A MI CANAL

Escaneando este código con la cámara de tu celular, podrás ingresar a mi canal para ver todo el contenido que tengo para ti

TABLA DE CONTENIDO

Introducción	13
Las piedras en tu zapato	19
El piloto automático y una decisión consciente	61
Tus historias y la dirección correcta	87
La historia que te cuentas y el dolor	143
Cómo contarte una historia de éxito a la vez	179
¡Empieza a escribir tu historia! Este no es el final	227
Agradecimientos	233
Acerca de la autora	239
Videos de referencia	241

INTRODUCCIÓN

Todos los días te cuentas una historia; realmente, todos los días te cuentas cientos de historias relacionadas con tu pareja, tus hijos, tu trabajo, el dinero, y lo más importante, contigo misma. Es muy probable que lleves años contándote la misma historia acerca de ciertos temas, y también es muy probable que esa historia no siempre sea la correcta, especialmente si es una historia que en lugar de elevarte, te hunde.

También, estoy casi segura de que muchas de las historias que te cuentas son la consecuencia de que alguien más te las haya transmitido en tu niñez. Muy bien, pues te tengo una noticia: tú y solo tú eres responsable de contarte la historia que quieres escuchar en tu día a día. Es muy fácil decirlo, ¿verdad? Pero no tanto a la hora de llevarlo a la práctica, por eso escribí este libro; para contarte los aprendizajes que he adquirido en este viaje llamado vida. Te contaré anécdotas mías y de terceros, que ejemplifican claramente cómo todos los seres humanos nos contamos una historia que no siempre es la más adecuada.

La intención de contarte estas historias, es mostrarte la importancia que tiene el identificar y reconocer aquellas que son tóxicas y nocivas, así como las ideas equivocadas que te has estado contando durante años. Con cada tema comenzarás a abrir un poco más tu mente, para descubrir las nuevas historias que puedes contarte, las que siempre has soñado vivir, las que te mereces. Vas a descubrir el gran poder que tiene tu mente.

¿Cuántas veces has pensado que no eres suficiente?, ¿que eres una mala madre?, ¿que no eres capaz de aprender algo nuevo?, ¿cuántas veces te has dicho que quieres empezar ese nuevo negocio, pero nunca lo haces porque te repites la historia de que no puedes hacerlo? Absolutamente todas son historias mal contadas. Tú viniste a este mundo a pasarla bien, a ser feliz, a crearte tu propia vida; y todo, absolutamente todo, *empieza con la historia que te cuentas.*

En uno de los momentos más oscuros de mi vida, me declaré en bancarrota, no solo económica sino también emocionalmente. Estaba sola, enferma, con mucha depresión y ansiedad. Hoy tengo la libertad financiera que siempre soñé. Al momento de escribir estas líneas, sé que estoy cerca de llegar al primer millón de suscriptores en mi canal de YouTube, estoy a punto de casarme y puedo afirmar que estoy en el mejor estado de salud de toda mi vida. ¿Cómo logré cambiar mi vida en 180º? Muy fácil, *decidí contarme una historia de plenitud y abundancia.* No fue fácil; actualmente somos bombardeados por cientos de mensajes, a todas horas, por medio de las redes sociales, donde se nos muestran estilos de vida prácticamente perfectos e inalcanzables. Entonces *nos contamos la historia* de "yo nunca tendré eso" o "¿por qué no soy tan perfecta como ella?", etc. Así que, poco a poco, comencé a entrenar mi mente, a programarme y a diseñar herramientas que me ayudaran en mi rutina diaria a ser más grande que cualquier circunstancia, a no permitir que los fracasos me hicieran contarme la historia equivocada.

Todas y cada una de las herramientas que utilizo te las cuento en este libro, pero ¡noticia de última hora!: tu vida no va a ser maravillosa con solo leerlo, lo siento. Lo último que quiero es que al cerrar este libro termines motivada e inspirada y a los dos días todo siga igual.

Ciertamente, a mí me ha pasado muchas veces que, después de leer un libro de superación personal, termino motivada y con ganas de comerme al mundo entero. Algunas herramientas las aplico por más tiempo que otras, pero eventualmente las olvido. Así que por esa razón, a la par de este libro, he diseñado una serie de hojas de actividades descargables de *La historia que te cuentas* para que sean tu herramienta principal y tu apoyo para aplicar los consejos que te doy aquí; para que todos y cada uno de los días del año, puedas utilizar estas herramientas de descarga digital y te recuerden que cada día tienes la oportunidad de decidir si quieres contarte una historia de éxito o de fracaso, una historia de salud o de enfermedad, una historia de amor o de desamor. Para acceder a ellos de forma gratuita y poder trabajar a la vez que lees tu libro, lo único que tienes que hacer es registrarte en www.lahistoriaquetecuentas.com, y descargar tus hojas. ¡Te recomiendo hacerlo ahora!

Conforme vayas recorriendo sus páginas, este libro te pedirá que realices algunos ejercicios en tus hojas de actividades descargables; recuerda que son totalmente gratuitas. Ellas te llevarán de la mano, paso a paso para que puedas trabajar en ti y, al final te cuentes tu propia historia de éxito. Las he puesto por separado para que las hagas nuevamente cada vez que lo necesites, y este libro sea siempre tu guía de trabajo.

La idea es que realmente lo hagas, que apliques todos los ejercicios para que, de manera efectiva, puedas materializar ese cambio en tu vida. Te aseguro que si eres perseverante como lo fui yo, que si eres constante, decidida y determinada, inevitablemente verás resultados en tu vida. La mujer que escribe estas palabras es la prueba de ello.

Por eso amo tanto mi trabajo: ser *Influencer*. A lo largo de mi carrera en YouTube, he compartido mis fracasos y mis éxitos. Comparto de todo, desde cómo decorar tu árbol de Navidad, hasta cómo logré salir de una relación tóxica, cómo me hundí aún más y también he contado cómo logré salir adelante. Al analizar esas historias, podrás darte cuenta de que todas tienen un factor común: *la historia que decidí contarme*. Ya sea positiva o negativa, esta siempre tuvo un profundo impacto en los resultados que vi en mi vida. Lo mismo pasa contigo, analiza la historia que te estás contando hoy y después analiza qué resultado tienes en tu vida; te aseguro que tienen mucho que ver.

Quiero que leas este libro y que, al hacerlo, sientas que estás escuchando uno de mis videos, que sea una plática entre amigas. Por eso en este libro he decidido revelarte una verdad muy dolorosa acerca de mi pasado, pero de la cual aprendí muchísimo y, después de sufrir y tocar fondo, decidí contarme una historia distinta y la superé. Vas a conocer aún más cosas acerca de mis experiencias de vida.

Muchas veces la historia que te cuentas, es parte de un miedo, así que analizaremos tus miedos, qué los originó, por qué están ahí y, lo mejor, cómo mostrarles por dónde está la salida para que nunca más regresen, y si se les ocurre hacerlo, tengas las herramientas suficientes para no dejarlos entrar nunca más. Después analizaremos las historias que te cuentas en todos y cada uno de los aspectos de tu vida: amigos, pareja, dinero, negocios, tu cuerpo y tú misma. Más adelante, diseñarás las herramientas que mejor se adapten a ti, para que sean ellas las que te impulsen a contarte una historia de abundancia, de éxito; en pocas palabras, para que te creas capaz de comerte el mundo entero. Por la sencilla razón de que eres capaz, vuelve a leer: ¡lo eres!

De nuevo, no te estoy diciendo que tu vida será perfecta solo por leer este libro y aplicar estas herramientas; posiblemente algunas no se adapten a tu estilo de vida, y si ese es el caso, siéntete en la total libertad de tirarlas a la basura. Pero, las que sí, las que te llenen el pecho, te eleven, las que te hablen a ti y solo a ti serán las que vayas a utilizar cuando te caigas. Porque va a pasar. Así es la vida, llena de altas y bajas, de éxitos y fracasos; pero también, tu vida será tan miserable o tan grandiosa como la historia que decidas contarte días tras día, sin importar las circunstancias.

Desde lo más profundo de mi corazón, deseo que este libro te empodere, te motive y te despierte para que logres por fin y de una vez por todas, tomar el control de tu vida y que decidas conscientemente, cada mañana, cuál será la historia que te vas a contar, que la diseñes, que la hagas tan tuya que la sientas hasta el tuétano. Y que, en los días difíciles, tengas estas bases ya tan sólidas dentro de ti, que ya nada ni nadie te pueda parar. Así que dime:

¿Estás lista para cambiar tu historia?

LAS PIEDRAS EN TU ZAPATO

LOS MIEDOS

"Nadie llegó a la cumbre acompañado por el miedo"

- Publio Siro

Cuando vas caminando y una piedra entra en tu zapato, es imposible seguir andando sin que esa piedra te lastime. Imagina que por desidia, por miedo, o peor aún, porque te acostumbraste a caminar con esa piedra, nunca la sacas de ahí. ¡Vas a terminar con una tremenda ampolla! Cada vez vas a caminar peor y, posiblemente un día prefieras sentarte y dejar de avanzar, ¿cierto? Los miedos para mí son piedras en el zapato que no me permiten caminar por la vida; sé que si me acostumbro a ellos y no los saco de mi cabeza, cada día iré más lento, hasta dejar de avanzar. La buena noticia, es que así como es fácil quitar una piedra de tu zapato, por más profunda y escondida que esté, también es posible sacar esos miedos de tu cabeza, no importa qué tan arraigados estén dentro de ti, y te voy a mostrar exactamente cómo hacer para eliminarlos de tu vida de una vez por todas.

El miedo es algo que lamentablemente rige la vida de muchos seres humanos. Por un lado, puede ser eso que te mantenga alerta, lo cual te ayuda a tomar mejores decisiones y te haga pensar para no tomar las cosas a la ligera, pero también puede ser aquello que llega a paralizarte si no sabes controlarlo. ¿Y cómo hacerlo? Muy sencillo, **comprendiendo** de dónde viene ese miedo y aprendiendo a utilizarlo a tu favor.

¿Qué es exactamente el miedo? Bueno, el miedo es una reacción emocional totalmente natural en cualquier ser humano, es parte de nuestros instintos básicos de supervivencia. En este capítulo no te voy a hablar del miedo que le puedes tener a que te pique un alacrán cuando lo ves salir de tu zapato, o al miedo que sientes cuando comienza a temblar; eso es **instin-**

to y te ayuda a protegerte en situaciones donde percibes una amenaza. De lo que sí voy a hablar, es de esas piedras en el zapato, de esos miedos con los que has cargado toda la vida, o tal vez miedos nuevos que se han ido agregando con los años y que te hacen *contarte una historia equivocada* acerca de la persona que realmente eres.

Te voy a contar una pequeña historia. De pequeña, por muchos años, cuando salíamos de vacaciones, tuve mucho miedo a ahogarme cuando nadábamos en la alberca o en el mar. Como no había aprendido a nadar, pensaba que en cualquier momento podría hundirme y no salir jamás, y que mi pobre madre (que tampoco sabía nadar) gritaría como loca para que me sacaran, morada y…. ¡muerta! Entonces, este miedo irracional solo provocaba que me la pasara cuidándome de cualquier mínima gota de agua que se acercara remotamente a mi nariz.

¿Cuál crees que fue el resultado de este miedo? Pues que en lugar de jugar y disfrutar mis vacaciones, solo quería estar colgada del cuello de mi mamá o pegadita a la orilla de la alberca para evitar morir. Se escucha ridículo, ¿verdad? Lamentablemente, así fueron mis viajes a la playa por muchos años, hasta que me cansé de ver a otros niños saltar de mil formas al agua y divertirse como lo que eran… ¡niños! Mientras tanto, la pobre de mí, solo los veía como si ellos tuvieran una especie de superpoderes de los cuales yo carecía.

Por fin, un buen día me armé de valor y le pedí a mi madre que me llevara a clases de natación; su respuesta, me dejó helada: "¡Ay, que miedo! ¡No te me vayas a ahogar!". Esas terribles palabras me confirmaron que mi miedo era correcto. "¡Por Dios, qué peligrosa es el agua! ¡De verdad me puedo morir!". Recuerda que estamos hablando de clases de natación, impartidas por un profesional que obviamente me iba a cuidar y a enseñar paso a paso cómo no morir ahogada y salir morada de la alberca, pero aun así mi madre estaba aterrada con la idea. Se quedó un momento pensando, continuó y me dijo: "Bueno, está bien, es muy importante que aprendas a salvarte la vida por si algún día te caes a una alberca". De nuevo, toda su idea giraba alrededor de alguna tragedia, muerte, ahogo o peligro, y no en la diversión que aprender a nadar me podría traer, no pensaba que por fin podría gritarle: "¡Mira, mamá, mi clavado triple mortal!". No, todo era pensando en que yo me salvara la vida. Pero al menos yo pude finalmente aprender a nadar "para no morirme".

Ahora, ¿de quién era el miedo a morir ahogada? No era mío, era de mi madre. Vuelve a leer: ese miedo **no era mío**. Seguramente crecí escuchando la terrible ansiedad que le provocaba el agua y cuando por fin pude ser consciente del "gran peligro" que suponía meterme en un chapoteadero de 40 centímetros, entré en un estado de alerta exagerado que me paralizó y no me permitió disfrutar ni de chapotear un poco por años y años... Debo decirte que a la fecha, mi madre no puede ver a mi hija sumergirse en el agua por la terrible ansiedad que esto le provoca.

Finalmente aprendí a nadar, y no solo nadaba bien, ¡sino que era la mejor de la clase! Incluso la maestra me llevaba a la alberca grande a practicar clavados por la gran facilidad que tenía. ¡Mira nada más! ¡Yo era literalmente un pez en el agua! Y tuve tanto miedo por tantos años, en los cuales no aproveché esa habilidad con la que había nacido. Todo esto sin saber que la idea de que yo podía morir ahogada jamás fue mía, sino de alguien más.

Lo mismo pasa con la mayoría de tus miedos, ¡no son tuyos!, alguien más los puso ahí; probablemente no lo hicieron con la intención de dañarte, es más, te aseguro que ni siquiera estaban conscientes de que te estaban sembrando una idea que te limitaría en la toma de decisiones realmente importantes en tu vida.

Los padres, los abuelos, los maestros y, en general, las personas con las cuales hayamos crecido, nos marcan de muchas formas a lo largo de la vida. Lamentablemente esas marcas no siempre son las mejores y nos dejan secuelas que, llegando a una edad adulta, debemos redefinir. Así que desde ahora te lo digo, queda prohibido pensar:

> *"Bueno, pues mi mamá me dijo toda la vida que yo era una inútil, así que ya está... Estoy destinada a ser un total y absoluto fracaso por su culpa, porque de verdad siento que no sirvo para nada. Esa idea ya está en mi mente para siempre y así es como soy".*

Qué fácil, ¿no? Culpar a otros por sus propias ideas infundadas (que tampoco eran de ellos) porque tu vida no va como tú quieres. Pues no, a partir de hoy necesito que comprendas que **tú** eres la única persona a cargo de tu vida, que nada ni nadie es el villano o villana en tu historia, sino que **tú** eres la única persona capaz de entender esos miedos, de identificarlos y de reprogramarlos en tu mente para utilizarlos a modo de ayuda, vuelve a leer, ¡de **ayuda** en tu vida!, pero jamás para usarlos como una excusa barata para no vivir la vida que te mereces, ni para vivir paralizada o atascada sin poder avanzar a cualquier nivel, personal, profesional o espiritual.

"El miedo siempre está dispuesto a ver las cosas peor de lo que son"

-Tito Livio

Pero esa no fue la única idea infundada, claro que no. Por muchos años tuve mucho miedo al rechazo de cualquier persona: amigas, maestras, familiares, el señor de la tienda de la esquina, da lo mismo. De pequeña no soportaba la idea de sentirme rechazada por alguien, por eso mi actitud siempre era sumamente amable con las personas que me rodeaban. Esas personas no siempre tenían las mejores intenciones conmigo, y al verme tan dócil, pues ¿qué pasaba?: se aprovechaban de mí y eventualmente me lastimaban. A pesar de ser una niña, una de mis definiciones de felicidad era el sentirme aceptada y querida por absolutamente TODAS las personas que me conocieran; siempre estaba con una sonrisa (aunque no me sintiera con ánimos), me cuidaba mucho del "qué dirán", siempre dócil y mostrando esa imagen de niña perfecta, solo buscando agradar a toda persona que me conociera.

Fui así por años y, poco a poco, mientras crecía y las amiguitas del colegio me hacían alguna mala jugada, o el *crush* de la preparatoria me mandaba a asaltar (más adelante tocaré este tema). Durante todos estos años sufrí muchas decepciones por buscar desesperadamente la aceptación de los demás. Con el tiempo fui desarrollando un carácter más fuerte que me permitiera defenderme, y entendí poco a poco que el rechazo más fuerte , el que marcó **ese** primer miedo, fue el rechazo de mi padre, quien jamás quiso estar en mi vida. Sé que muchas pueden identificarse con esto.

Desconozco si para el momento que este libro esté publicado ya habré compartido en mi canal la historia con mi papá. En cualquier caso, hablaré un poco del tema: cada uno de mis cumpleaños despertaba feliz porque estaba segura de que ese año sí sabría de él. Tal vez alguna carta, algún regalo o, lo mejor, ¡una visita! Él muy perfumado, de traje, sonriente y con una caja enorme forrada con el papel de regalo más bonito que hubiera visto en mi vida. Visualizaba perfecto cómo la ponía en la mesa, sonreía para cargarme y abrazarme fuerte mientras me decía: "¡Feliz cumpleaños, hija! ¡Tenía tantas ganas de conocerte!". Todo esto mientras yo también lo abrazaba y le decía lo contenta que estaba de verlo y lo mucho que lo quería (es fácil idealizar lo que no se conoce), le daría muchos besos y le diría que sabía que ya nunca nos íbamos a separar.

¡Qué bonita historia me conté!, ¿verdad? Perfecta en todos los sentidos. Cada año le agregaba un nuevo detalle más específico, más real; casi podía sentir ese abrazo como si ya estuviera sucediendo, y cada año tenía más miedo de que de

nuevo no llegara a verme. ¿Y qué pasó? Pues, ¡que ese momento perfecto jamás llegó! Así que con los años, y sin saberlo, a nivel subconsciente estaba desarrollando un terrible miedo al rechazo, sobre todo cuando provenía de cualquier figura masculina, y más adelante, el miedo al rechazo de una figura masculina con autoridad.

Ese miedo fue provocado tanto por circunstancias que estaban fuera de mi control (yo no podía obligar a mi padre a verme y amarme) como por ideas que yo solita me formé en la cabeza: "Mi papito va a venir, pero si no viene es que otra vez se le olvidó mi cumpleaños. No, no se le olvidó, seguro está muy ocupado trabajando, porque sí me quiere, ¿no? ¡Claro que me quiere! Mejor no hago gran cosa, una pequeña reunión y no una fiesta, por si viene a verme a la casa. ¡Así sí me va a encontrar! ¡No quiero que sea mi culpa que no me encuentre cuando por fin venga!".

Era tan pequeña que primero llegué a pensar que si no venía a verme, algo estaba mal conmigo, algo malo había hecho yo para que una de las personas que se supone que más debía amarme, no lo hiciera. *La historia que me conté* me hizo desarrollar ese miedo al rechazo, y la total ausencia de mi padre lo reforzó.

Aunque parezca difícil de aceptar, los miedos son una excelente **excusa** para no enfrentarse a la vida. Para no "agarrar al toro por los cuernos", como decimos en México. Sin saberlo, muchas veces llegamos a esa zona de confort para no salir a luchar por nuestros deseos. Nos escondemos detrás de esa justificación perfecta para no decidirnos a actuar.

> "A menudo el temor de un mal, nos lleva a caer en otro peor"
>
> -NICOLÁS BOILEAU

Son incontables los mensajes que recibo casi a diario en mis redes sociales: "¡Pao! ¡Tengo tantas ganas de poner mi negocio!, ¡soy tan buena en tal o cual cosa! Todo el mundo me dice que qué rico cocino/diseño/pinto (pon aquí tu mejor habilidad). Muchas veces planeo mis diseños, pienso en el local, en el nombre de mi negocio, en cómo atendería a mis clientes. Pero tengo tanto miedo de empezar que siempre termino por no **hacer nada** y me desanimo, ¡ayúdame, me muero de miedo!".

Necesitas comprender de una vez por todas que esa historia que te cuentas está basada en tus miedos, y se ha convertido en un escudo comodísimo para no salir a jugarse el todo por el todo en la vida. Todo por los miedos que alguien más puso en tu cabeza: tu papá, tu mamá, el abuelo, no importa quién. ¿No te parece un poco injusto detener tu vida solo por tener una idea incorrecta de lo que eres capaz de lograr? ¡Claro que sí! Te estás dejando pasar la vida solo por algo que puedes eliminar de tu mente con solo decidirlo.

Cuando permites que tus miedos te sobrepasen, **te gobiernen** y te paralicen, no solo serán los miedos los que te dominen, sino también las personas que deseen manipularte a su antojo. Tan fácil como cuando mi mamá me decía que si no me lavaba los dientes, ¡se me iban a caer todos! Entonces corría a cepillarme con la suficiente fuerza para que quedaran rechinando de limpios; de la misma manera, seguramente te toparás o ya te habrás topado (lo sé) con personas tóxicas que han alimentado una y otra vez tus miedos para hacer contigo lo que quieran y así lograr controlarte.

Muchas veces esto sucede con las parejas o con los amigos. A mí me llegó a pasar hasta con mis jefes en los trabajos que tuve en mis tiempos de chica corporativa; se juntaba mi miedo por el rechazo de una figura masculina de autoridad (nada mejor que un jefe para tener mis "daddy issues") con el anhelo de tener esa figura masculina en mi vida. Así que, ¿qué hacía yo? Pues me hacía chiquita, ponía ojos de Bambi y aceptaba todo tipo de malos tratos, groserías, e incluso y que no me pagaran. ¡Hasta dinero me llegó a pedir un jefe!... ¡Dos veces! ¡Y jamás me pagó! Todo por *una historia mal contada* y un trauma **no tratado** debidamente en terapia.

Estoy segura que muchas tendrán historias similares, donde se dejaron pisotear por un amigo, la pareja, el novio, la mamá, etc. Y lo permitieron justo por ese miedo a la soledad o al rechazo, y terminaron aún más lastimados y con más miedos. Muchas personas prefieren manipularte y usarte a su antojo, y su principal combustible es el miedo que ven en el otro, así que lo siguen alimentando para poder hacer contigo lo que se les antoje.

TU LISTA

Estamos de acuerdo entonces que es hora de *empezar a contarte una historia diferente*, ¿no crees? Bueno, pues para poder comenzar, lo primero que tienes que hacer es identificar las historias erróneas que te has contado a lo largo de tu vida. Empieza a pensar y, por favor, haz a un lado los rencores. Como ya te dije, realmente no importa qué, quién o cuáles fueron las razones que te pusieron esos miedos en la cabeza; porque llegó el día de identificarlos, de verlos desde afuera, de analizarlos desde una nueva perspectiva, dejarlos ir, y solo en caso necesario reprogramarlos para de hecho utilizarlos como ayuda para salir adelante en alguna situación específica, pero jamás para permitirles que sean los que te controlen. Eso nunca.

Muy bien, lo primero que necesito que hagas es una lista de los miedos que tienes. Por favor, intenta que esta lista sea lo más honesta y específica posible, esta lista **¡es tuya!** La estás haciendo única y exclusivamente para ti, porque te mereces ser feliz y dejar a un lado cualquier miedo que no te haya permitido avanzar hasta donde eres capaz de hacerlo. Esta lista es la que te va a ayudar en este viaje que estamos iniciando, es el paso uno para empezar a identificar esas piedras en tu zapato.

Así que por muy "ridículos" o "simples" que te parezcan, te suplico que escribas uno por uno todos aquellos miedos infundados; absolutamente todos son importantes y nadie mejor que tú, sabe cómo han afectado en tu vida. Te repito, no importa si están ahí porque tú los pusiste ahí o si fue porque lo hizo alguien más. Escríbelos tal cual se te vengan a la mente, uno por uno. El orden realmente no importa, simplemente apunta cualquier miedo que sepas que ha afectado tu vida.

"La única cosa a la que debemos temer es al miedo mismo"

-FRANKLIN ROOSEVELT

Analiza cada uno de los miedos en tu lista e identifica qué o quién los sembró en ti. ¿Fue papá?, ¿fue mamá?, ¿algún hermano?, ¿tus abuelos?, ¿tus amigos de la infancia?, ¿tal vez alguna situación que estuvo totalmente fuera de tu control?, ¿fuiste tú misma? Analiza cada uno de estos miedos, recuerda el origen de cada uno, porque una vez que comprendas de dónde vienen, vas a ser capaz de controlarlos.

Ahora separa aquellos miedos "normales" de los "no tan normales". Por ejemplo, si tienes hijos y uno de tus miedos es que algo malo les pase, se puede decir que ese miedo es "normal". Cualquier padre que ame a sus hijos, velará siempre por ellos y temerá que algo malo llegue a pasarles. Lo que no sería normal es que ese miedo te **impidiera** salir a jugar al parque con ellos solo por miedo a que vayan a lastimarse. ¿Ves la diferencia? Entonces, clasifica cada miedo en la columna de ser un miedo "común" a un miedo que te paralice y te impida vivir tu vida a plenitud. Después, anota qué o quién los puso ahí. Recuerda, analiza y trata de no sentir resentimiento, ten en cuenta que ese alguien que te transmitió ese miedo, seguramente lo estaba haciendo desde el amor, o simplemente desde la falta de información. Te aseguro que solo estaban tratando de darte un mensaje y, lamentablemente, la forma de comunicarlo no fue la mejor.

Recuerda, analiza y deja ir. Perdona a ese alguien que, seguramente desde su amor y sus propios miedos aprendidos, lo puso en tu cabeza y en tu corazón. Suelta esa situación que te dejó una secuela de miedos irracionales y déjala ir, ya pasó. Se quedó en tu pasado desde el momento en que terminó, y la única razón por la que sigue viva es porque tú la sigues alimentando. Vuelve a leer: ¡porque tú la sigues alimentando!

Por último, dale un valor a cada uno de esos miedos: siendo el número uno el más importante, el primero que quieres eliminar de tu vida.

Vamos a usar mis ejemplos:

Miedo	Quién lo puso ahí	Valor	Cómo dejarlo ir
Miedo a ahogarme	Mi madre	10	Entiendo que fue desde el amor
Miedo al rechazo	Yo misma	2	¡Ir a terapia!

Continúa este ejemplo en tu hoja "dejando ir" de las hojas de actividades que descargaste. ¡Vamos! Escribe todos esos miedos que no te han dejado vivir al máximo. ¡Sácalos todos!

Continúa este ejemplo en tu hoja "dejando ir" de las hojas de actividades que descargaste. ¡Vamos! Escribe todos esos miedos que no te han dejado vivir al máximo. ¡Sácalos todos! En este ejercicio vas a recordar algunas situaciones que quedaron en tu mente y que pensabas que ya eran algo "normal" en ti. Con estos valores, te vas a dar cuenta de lo que te ha frenado, te vas a conocer más y, te aseguro que, al verlos por escrito, con sus valores y las personas involucradas, vas a comprender muchas cosas de tu pasado, así que sácalos todos, escríbelos.

"Nada en la vida debe ser temido, solamente comprendido. Ahora es el momento de comprender más, para temer menos"

-MARIE CURIE

Hay miedos que podemos superar conscientemente. Más que miedos son ideas erróneas, las cuales nos hacen contarnos una historia que no es real. Sin embargo, puede que existan en nosotros miedos tan fuertes que literalmente nos paralizan y pueden llegar a causarnos fuertes ataques de ansiedad; en este caso, es indispensable acudir a terapia. Ya les he contado en mis videos, cómo la ayuda profesional ha sido una excelente guía en distintos puntos de mi vida, y siempre la recomendaré, especialmente cuando estás pasando por una situación que te sobrepasa.

Por eso, algo tan personal y doloroso como la ausencia de un padre, años de esperarlo en mis cumpleaños y, eventualmente, como consecuencia, el miedo a ser abandonada por mi pareja, eran situaciones que me sobrepasaban y por eso necesitaba consejos de un especialista. Y puedo decirles sin lugar a dudas, que ir a terapia ha sido una de las mejores decisiones que he tomado en mi vida. Definitivamente me ayudó a quitar esas piedras en mi zapato, y con algunas, simplemente me enseñó a vivir con ellas sin que me lastimen más. Hoy en día es cada vez más común ir a terapia; sin embargo, mucha gente aún piensa que los que vamos o fuimos alguna vez estamos "locos" o algo está mal con nosotros. Esa es la *historia que ellos se cuentan*, así que por favor, ¡no los escuches! O ni siquiera te escuches a ti misma si es que sabes que la necesitas y solo *te cuentas la historia* de que es vergonzoso o que solo los débiles acuden a un profesional.

Muchos hemos vivido con la ausencia de un padre o con ciertas experiencias que nos marcan, pero existen casos mucho más delicados, como abusos de todo tipo; a veces por parte del mismo padre, pareja, hermanos, etc. Con mayor razón, eso se debe de tratar en terapia, por favor. Este tipo de experiencias, tan dolorosas, requieren de ayuda profesional para poder seguir adelante. Jamás pienses mal de ti por buscar ayuda, ¡al contrario! Estás tomando acción, estás realmente haciendo algo para vivir de lleno la vida que deseas; así que, si es tu caso, por favor considera ir a terapia para tratar estos miedos o experiencias traumáticas que hayas experimentado en tu vida.

Este es uno de los procesos más importantes en la vida de un adulto que se hace cargo de su vida: el soltar, el perdonar y el hacerse cargo de su propia felicidad. Por lo que, si alguno de tus miedos proviene de una vivencia muy fuerte, como un abuso, situación de violencia o algo que en definitiva te supera, sí o sí debes de buscar ayuda profesional.

Para todos los demás miedos, como comentaba, una vez identificados, es importante perdonar y soltar.

Para soltar esos miedos, te recomiendo la siguiente meditación:

En un momento de silencio y paz, siéntate en una posición cómoda. Puedes estar en flor de loto si así lo deseas, solo asegúrate de que tu espalda esté recta sin estar totalmente rígida. Ahora, piensa en esa primera piedra en el zapato, ese miedo al que le diste el valor número uno. Visualízate en este momento, en la posición que adoptaste y piensa en tu miedo. Ponlo frente a ti. Piensa también en la persona que lo puso ahí. Siéntelo por última vez e identifica cómo va debilitándose poco a poco dentro de ti. Y, con todo el amor que vive dentro de ti, di en voz alta:

> *"A partir de este momento te dejo ir y te regreso a _____ (mi mamá, mi papá, tú mismo, etc.). Te libero totalmente de mi vida y de mis pensamientos. A partir de hoy, yo tengo el control sobre ti y te dejo regresar al lugar que perteneces. Te agradezco la enseñanza que me dejaste, ahora puedo seguir sin ti".*

Como ejemplo, vamos a suponer que uno de esos miedos en tu lista es quedarte sola en la vida, sin alguien que te ame o cuide de ti. **Siéntelo**, ¿esa no eres tú ,verdad?, ¿esa no es tu verdadera esencia, cierto? ¡Tú sabes que mereces tener a personas amorosas en tu vida! Así que haz la meditación y repítela las veces que sea necesario hasta que veas a tu miedo tan pequeñito que llegue el momento en que solo sea un recuerdo amoroso, como cuando eras una niña y le tenías miedo al monstruo debajo de tu cama cuando se apagaban las luces. Sonreíste, ¿no? Vas lograr lo mismo con ese miedo, con el miedo número uno. Comprende que ese miedo no es tuyo, nunca lo fue, y que **mereces** ser amada no solo por una, sino por muchas personas en tu vida. Siente llegar ese amor y deja que te envuelva. ¡Hazlo tuyo! Comprende que el miedo que sentías no es más que una idea que alguien puso en tu cabeza y en tu corazón.

Llora si tienes que hacerlo, y solo si lo sientes muy necesario, habla con aquella persona que lo puso ahí, ¡pero ojo! Hazlo desde la luz y el amor que viven dentro de ti, jamás con un tono de reclamo. Recuerda que con este libro estamos empezando un viaje que te va a llevar a *contarte la historia que te mereces*. Hazlo todo desde el amor. Cuéntate la historia de que no eres la víctima de esa persona, que ese ser que te enseñó ese miedo no es malo, solo estaba equivocado. Por eso, hoy regrésale a esa persona esa energía que sale de ti para nunca más volver.

Si esa persona eres tú misma, ¡perdónate también a ti! Abrázate, deja de ser tan dura contigo misma y abrázate, respétate, acepta que te equivocaste y suelta ese error. Uno de los pasos más importantes en todo este viaje interior es que *te cuentes una historia de amor propio y* sepas aceptar que te equivocaste, y que ya nunca más te permitirás ser prisionera de tus propios miedos. Así que si fuiste tú quien alimentó ese miedo, simplemente acepta que pasó y déjalo ir.

Repite este ejercicio con todos y cada uno de tus miedos. Te sugiero que hagas esta meditación cada noche antes de irte a dormir. Si no te es posible, solo busca un momento del día tranquilo y medita. Empieza con el miedo más importante; lo vas a superar, créeme. Una vez superado pasa al siguiente. Verás que el proceso se volverá cada vez más sencillo una vez que comienzas. Es una especie de efecto de bola de nieve: una vez que te das cuenta de que eres capaz de superar ese miedo número uno, los demás serán mucho más sencillos. Te vas a dar cuenta del maravilloso ser que eres y lo que eres capaz de hacer por ti.

"¡Sé que el miedo es natural! Pero no dejes que te atrape. Déjalo a un lado. Sigue adelante a pesar de él. Siempre recuerda: la diferencia entre un hombre valiente y uno cobarde no está en que el hombre valiente no tiene miedo y el cobarde lo tiene, no. Esa no es la diferencia. ¡Ambos tienen miedo en la misma proporción! Entonces, ¿dónde está la diferencia? La diferencia está en que el hombre valiente sigue a pesar del miedo, y el cobarde se detiene debido al miedo. ¡Los dos tienen miedo!

-Osho

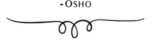

La meditación te ayudará mucho, pero no te voy a decir que con esta, mágicamente no volverás a sentir miedo. Has estado tanto tiempo alimentando esos miedos, que es totalmente normal y probable que en algún momento vuelvas a sentirlos. La diferencia es que cada vez que esos pensamientos vuelvan hacia ti, vas a recordar que no son tuyos, y como si estuvieras en un partido de béisbol, vas a batearlos lo más fuerte y lo más lejos posible de ti. No te corresponden, no son tuyos y ya no son bienvenidos a tu vida.

Supongamos que uno de tus miedos más importantes es el miedo a poner un negocio. Muy bien, vamos a analizarlo:

- *Tengo miedo a perder dinero.*
- *Tengo miedo al qué dirán.*
- *Tengo miedo a que la gente no compre mi producto/servicio.*
- *Tengo miedo a no ser buena en este negocio.*
- *Tengo miedo a que me roben.*
- *Tengo miedo a que se burlen de mí.*

Y así un largo etcétera. Al último, todas tus ganas de arriesgarte y de hacer las cosas se desvanecen y terminas por suspirar y pensar "Mejor no" o "Mejor espero un mejor momento". ¿Te suena familiar? Bueno, te tengo una noticia: ¡El momento de superar esos miedos es ahora!

Seguramente, cuando eras una niña pequeña te daba miedo algún animal, entonces se acercaba tu madre y empezaba a acariciarlo para que también lo hicieras tú; sin saberlo, estabas enfrentando un miedo.

Con el miedo a poner tu negocio es igual; aquí lo importante es que no te resistas a sentir ese miedo y de hecho lo **uses** para tu beneficio. *Que te cuentes una historia diferente.* Siente el miedo y déjalo pasar, no te le resistas. A lo que resistes persiste, así que solo acéptalo, velo de frente y dile: "Soy más grande que tú, y ahora me vas a ayudar a hacer las cosas con más ganas y más fuerza". Ahora, *la historia que te puedes contar* en relación a tu nuevo negocio sería algo así:

- *¡Voy a ganar mucho dinero!*
- *A la gente le va a encantar mi negocio.*
- *¡Todo el mundo va a querer comprar mi producto o servicio!*
- *Voy a ser la mejor en este rubro.*
- *Mi negocio estará siempre seguro.*
- *¡Mis conocidos me felicitarán por mis logros!*

Fíjate cómo al enfrentar tu miedo, sentirlo y no engancharte sino dejarlo ir, *te cuentas una historia totalmente diferente;* una que va de la mano con tus más grandes deseos, con todo aquello con lo que sueñas y te hace feliz pensar que puedes lograr.

En este punto, probablemente ya estés reconociendo todos aquellos miedos que te han llevado a *contarte historias tristes y dolorosas,* que a lo largo de tu vida te han nublado todas las esperanzas de ser un ser humano feliz y realizado. Posiblemente también estés pensando: "Pero, Paola, ¡llevo años siendo así! Siempre termino pensando igual… *Contándome la misma historia* porque me aterra tal o cual cosa". Muy bien, es totalmente aceptable; a mí me paralizó por años el hecho de hablar en público; sin embargo, siempre supe que yo tenía algo que decirle a la gente, y hoy no paran de llover ofertas para dar conferencias. ¿Qué pasó? Muy sencillo, encontré otro miedo aún más grande: LA MEDIOCRIDAD.

Es muy sencillo, solamente piensa qué pasará si no lo intentas, si no te decides a intentar superar ese miedo que te paraliza, que te impide dar ese primer paso y que te limita a hacer aquello que tanto deseas, fácil: lo mismo que hasta ahora, ¡nada! Así que lo mismo pensé yo, "Me daría más miedo llegar a vieja y voltear hacia atrás, solo para ver que mi vida había sido totalmente gris, mediocre y llena de limitaciones". Eso sí me aterra, y **me niego** a vivir de esa manera la única vida que tengo.

Solo piensa: ¿qué puede pasar si de hecho lo intentas?, ¿si sientes ese cosquilleo que te provoca el miedo y simplemente lo dejas pasar, y das el primer paso? Siguiendo el ejemplo, emprendes tu negocio. ¿Qué puede pasar? Puedes aprender tanto, ganar experiencia, conocer a otras personas con tus mismos intereses, tener la satisfacción de saber que ya empezaste, empezar a ver resultados positivos, ganar dinero, ¡sentirte orgullosa de ti misma!, ¡sentirte capaz!, ¡demostrarte que puedes! ¡La lista es infinita! Y, a mi gusto, es una lista mucho más bonita que la que deriva de no hacer nada. Por supuesto que habrá cosas que salgan mal en el camino, pero te tengo una noticia: ¡así es la vida!, y es maravillosa *si sabes contarte una historia de plenitud*, es maravillosa cuando sabes que viniste aquí a divertirte, a crecer y a pasarla bien.

Por lo tanto, por más convencida que estés de que ese miedo ya es parte de ti, **hoy** es el día en que reconoces que ni siquiera era tuyo en primer lugar. Hoy es cuando te vas a desprender de él con mucho amor; y cuando vuelva a visitarte, solo será por unos momentos, porque no tardarás nada en mostrarle por dónde está la salida. Si te pones a analizar las cosas, nunca luchas contra el miedo, sino contra ti misma. Luchas contra tu reacción hacia él, contra tu resistencia.

"*Nadie llegó a la cumbre acompañado por el miedo*"

-PUBLIO SIRO

En muchas ocasiones, casi en la mayoría, realmente somos nosotros mismos los que nos engañamos. Ese engaño es simplemente para buscar seguridad y esa zona de confort, una falsa seguridad, que no es otra cosa que evitar decir "me muero de miedo de hacerlo". Recibo una cantidad exagerada de mensajes todos los días donde me dicen algo como esto:

"Pao, soy tan infeliz en mi matrimonio. Ya no amo a mi pareja y me siento vacía y sola. Mi esposo dice que no sirvo para nada y realmente no lo dejo por el apoyo económico que nos da a mí y a mis hijos. ¡Soy tan infeliz! Pero **no puedo** dejarlo. ¿Qué puedo hacer?".

Otros más tienen la misma historia, pero relacionada al miedo a dejar su trabajo solo porque paga bien, pero son inmensamente infelices:

"¡Paola, ayuda! En mi trabajo me pagan bien y llevo aquí ya muchos años, pero mis compañeros son insufribles y mi jefe ni se diga. Todas las mañanas me cuesta mucho salir de casa para estar horas en un lugar que odio; pero **no puedo** dejarlo. Me pagan bien y **no puedo** fallarle así a mi familia. Además, ¡tengo muchas deudas! ¿Qué puedo hacer para ser feliz si no me llena mi empleo?".

Ambos casos se centran, primero, en una "comodidad" que termina saliéndoles muy cara. Y se *cuentan la típica historia* del "no puedo hacerlo". El miedo les ayuda a poner toda clase de pretextos para quedarse donde están y tener una existencia mediocre, "es que las deudas, es que los hijos, es que el qué dirán, es que afuera la situación está muy difícil, es que, es que, es que...". Por eso te insisto tanto en la importancia de identificar esos miedos. ¿De quién son realmente? Tal vez tu padre te dijo toda tu vida que un trabajo estable era lo mejor para ti y tu familia, o en otro caso tal vez fue tu mamá quien te dijo que ser una mujer divorciada era la peor desgracia que podría sucederte. Tal vez ella misma vivió en un matrimonio infeliz y eso fue lo que aprendiste tú. Toda tu vida *te contaste una historia errónea* porque era lo único que conocías, y ahora el miedo refuerza esa historia incorrecta.

La falsa comodidad es estar en un empleo que aborreces, pero sigues ahí porque paga bien. Esta no es justificación para el miedo, simplemente estás cómoda recibiendo tu pago cada quincena y se acabó. No es miedo, es la comodidad y la desidia de no salir a buscarte la vida que te mereces. "Aquí estoy bien, funciona, ¿para qué arriesgarse a ir por más?". Noticia de última hora: ¡La vida pasa en un suspiro! Cuando menos te lo esperas, ya han pasado años y estás enfrascada en un lugar que te quitó más de lo que te dio. Tus sueños y tu tiempo son de las cosas más valiosas que tienes. No los dejes morir por una falsa comodidad que los está alejando cada vez más de ti.

Lo mismo sucede con todas aquellas mujeres a quienes les "aterra" dejar a su pareja porque él es quien se encarga de la economía. A ver hermosa, ¿quién te dijo que no eres capaz de ser autosuficiente? ¿Por cuántos años has alimentado esa falsa idea de que debe de ser tu pareja el que te dé para vivir? ¿De quién fue la idea de que sin él no sirves para nada?, ¿¡de quién!? Ese pensamiento no es tuyo, alguien lo puso ahí y es sumamente importante que lo destierres de tu sistema. Esa idea tiene que abandonar tu cabeza; piensa que justamente ese prejuicio te ha frenado para dejar al monigote, (señor, tipejo, pon aquí tu adjetivo más adecuado), salir al mundo y demostrarte a ti misma de lo que eres capaz. **A ti misma** primero, a nadie más.

Créeme que puedo identificarme al cien por ciento con esta *historia mal contada*. Por años pensé que lo "normal" o lo "correcto" sería que aquel que fuera mi marido me mantuviera y se encargara de todo, tanto económica como emocionalmente. Él sería quien tomaría las decisiones importantes mientras yo solo estaría ahí de adorno y sirviéndole la comida. ¿Y qué crees?

Los años en los que experimenté esa falsa comodidad fueron los más tristes y patéticos de mi vida. Y fue tanto el dolor, que preferí salir corriendo, sí, con miedo, ¡claro que con miedo! *Pero contándome una historia diferente:* la historia de que yo era más que suficiente para ser feliz, y hacerme cargo de mí misma, tomar mis propias decisiones y cumplir las metas que me realizarán como mujer y como profesional.

Así que te repito: este es un viaje que estás iniciando para poder contarte una historia diferente. Empieza por tomar una respiración profunda, reconocer tus miedos, enfrentarlos y sacarlos de una vez por todas de tu vida.

Tu verdadera esencia es luz, no miedo. Grábate en la cabeza que dentro de ti solo existe lugar para el amor, la creatividad y la plenitud que te mereces. ¡Está en tu naturaleza! Así que, por muy grandes que hayan sido tus miedos en el pasado, comprende que tú eres mucho más que un contenedor de miedos y angustias, que mereces ser plena y feliz, y que una falsa comodidad jamás te dará la emoción de vivir todos los días a plenitud.

¿QUIÉN ALIMENTA TU MIEDO?

Todos los ejemplos que te he dado hasta ahora son solamente entre tu mente y tus miedos. Pero ¿qué pasa cuando convives con alguien que alimenta ese miedo con o sin la intención de hacerlo? Volvamos al ejemplo de mi miedo a ahogarme, alimentado cariñosa y repetidamente por mi madre (sin ella saberlo). Bueno, en aquel entonces yo era solamente una niña que no entendía realmente lo que estaba pasando. Yo pensaba que mi madre me estaba cuidando como cualquier madre cuida a sus hijos. ¡Lo peor de todo es que ella pensaba exactamente lo mismo!

Algo muy similar puede estar pasando en tu vida en este momento. Posiblemente sin saberlo, alguien en tu vida continúe alimentando algún miedo en ti. Tal vez tu pareja te dice constantemente en tono de broma, que, como no sabes cocinar, se va a buscar a otra mujer que sí sepa hacerlo, solo para después abrazarte y decirte que realmente no importa si sabes o no cocinar, porque te ama. Sin embargo, si ya pasaste por alguna infidelidad, o tu padre le fue infiel a tu madre, te aseguro que dentro de ti, ese miedo irá creciendo; sobre todo si ese tipo de "juegos inocentes" avanzan cada vez más. Lo que sí es seguro, es que ese miedo incluso llegue a no dejarte dormir por las noches o a privarte de vivir en paz si tú misma lo alimentas y te sigues *contando la historia* de que él te dejará por no saber cocinar.

Es muy probable que dentro de su juego inocente, él realmente ni siquiera sepa que te está causando un daño, y te voy a decir algo que posiblemente no te guste: realmente **no** es su deber cambiarlo. Correcto, así como lo lees: la **responsabilidad** que tienes, como un adulto ya en control de su propia vida, es tuya y solamente tuya. Esa responsabilidad te dirá cómo reaccionar ante ese tipo de comentarios, y si **permites** o no que continúen alimentando tu miedo y por tu cuenta pones un hasta aquí en el efecto que tengan en ti. Así que tampoco se vale decir: "Ok Paola, cuando por fin mi madre, padre, pareja, jefe, o amigo deje de decirme tal o cual cosa, podré resolver mis miedos y avanzar en la vida". No, lo siento, puede que ese día nunca llegue, y ¿solo por eso vas a dejar pasar tu vida? ¿Por algo que no puedes controlar en otra persona con sus propios miedos? Pues no, en este momento necesito que aceptes que lo que te diga o deje de decir esa persona que alimenta tu miedo, solo tiene poder sobre ti si tú se lo das. Vuelve a leer: solo tiene poder sobre ti si tú se lo das. *Si te cuentas la historia* de que ese comentario realmente afecta tus decisiones.

No te estoy diciendo que no comentes este tipo de problemas con las personas que alimentan tus miedos. Volviendo al ejemplo con tu pareja, si estás en una relación que realmente te hace feliz pero tiene sus pequeños defectos (como todas), claro que puedes tener la confianza de sentarte y hablar con tu pareja para decirle con mucho amor: "¿Sabes que esos comentarios realmente afectan una de las bases más importantes de nuestra relación? Yo confío en ti, pero te agradecería que por favor los conviertas en algo positivo para cada día ser una pareja más sana y madura y yo deje de hacerme ideas en la cabeza". No te garantizo que con esto vaya a cambiar, lo que sí te aseguro es que, si tú dejas de **permitirle** que alimente el miedo a que te sea infiel, vas a ser una persona mucho más plena y feliz en tu relación.

Date cuenta de que ya no eres una niña como yo lo era cuando mi madre me decía que podría morir ahogada. Si eres capaz de leer este libro, sé que eres una persona completamente capaz de hacerse cargo de sí misma y de sus miedos. Ahora que ya sabes de dónde vienen, si fue que surgieron en el pasado, que nacieron actualmente, o si hay alguien en tu vida que los hace crecer, es solamente trabajo y responsabilidad **tuya** el permitir que eso te siga afectando, o no. Sé que en ocasiones no será posible alejarte de esas personas, lo que sí es posible es hacer oídos sordos a las palabras y actitudes que no aporten algo positivo a tu vida.

¡EL MIEDO ES BUENO!

Como ya lo mencioné antes, el miedo es algo natural en los seres humanos. Habrá ocasiones en las que el miedo te avise que debes de salir de una situación que pone en peligro no solo tu vida, sino también tus sueños y en pocas palabras, tu felicidad.

Por si no has visto mi video de *Por qué lo dejé*, te cuento brevemente que viví una relación tóxica con un alcohólico narcisista al que adoraba con toda mi alma (o al menos creía que así era). Estábamos comprometidos y al inicio todo era un cuento de hadas: el hombre perfecto, rico, guapo (eso pensaba yo, ya he dicho que se parecía a Johnny Depp pero en feo, y aun así yo lo veía guapísimo)... en fin, era carismático hasta el tuétano, buen hijo, buen hermano, y encima de todo ¡estaba enamorado de mí! Todo era perfecto hasta que descubrí el gran problema que tenía con el alcohol. Cuando tomaba se convertía en un ser totalmente diferente al hombre del que me enamoré: depresivo, prepotente, necio y sobre todo muy agresivo. Llegué a un punto en el cual lloraba prácticamente todos los días por la situación en la que me encontraba; por un lado sentía que sin él mi vida se acabaría, y por otro, los momentos "buenos" con él eran perfectos. Con esos extremos, mi vida con él era una serie de sube y bajas que me dejaban emocionalmente exhausta.

Había dos miedos muy fuertes que se enfrentaban dentro de mí: el miedo a dejarlo y el miedo a seguir con él. Y, eventualmente alguno de esos miedos iba a ganar. De ese miedo hablo cuando digo que habrá veces en las que el miedo estará ahí para gritar con todas sus fuerzas: "¡sal de ahí!".

En otro capítulo ahondaré más en este tema, porque me sirve para ilustrar las historias equivocadas que nos contamos con una pareja. Por lo pronto, resumiré diciendo que por mucho tiempo dejé que ganara el miedo a vivir sin él. Fue así hasta que por fin, una noche, regresando en el auto de una boda (él muy tomado, claro está), empezó a perseguir a otro auto frente a nosotros, cegado por el alcohol y ávido de sacar a golpes todo el coraje que llevaba dentro. Justo ahí nació el miedo que **me ayudó** a tomar una de las mejores decisiones de mi vida; el miedo que ya no me paralizó: el miedo a perder mi vida por su culpa. Fue entonces que cuando, en lugar de paralizarme, tomé acción, le aventé el anillo en la cara, y ya nada volvió a ser igual. El miedo a que me pasara algo a causa de su alcoholismo fue lo que me impulsó para por fin dar el primer paso. Si analizamos las cosas, ese miedo *me ayudó a contarme una historia diferente* a la que me había contado por meses; una historia que me contaba que yo merecía algo más que solo vivir aguantando a un alcohólico, u*na historia que me contaba que yo era lo suficientemente fuerte para dejarlo y vivir mi vida al máximo.* Ese miedo me salvó la vida.

¡Por eso te digo que, en sí, el miedo no es malo! Lo que es realmente malo es cuando te aferras a él, cuando dejas que te paralice, cuando permites que se haga cargo de tu vida en lugar de tú hacerte cargo de ese miedo. Cuando controlas al miedo, decides "agarrar al toro por los cuernos" y tomas una decisión, sea la que sea, tu vida empieza a cambiar.

Así que hay miedos buenos. ¡Qué digo buenos!, hay miedos excelentes que, si los escuchas y los alimentas, de hecho te pueden ayudar a salir de una falsa zona de confort. Volviendo al ejemplo de tantas chicas que me escriben llenas de angustia porque no quieren dejar a su marido; que me mandan sus historias, y a través de ellas puedo ver claramente que el miedo las tiene paralizadas; que su zona de confort las está limitando a una vida vacía, "aguantando" un día a la vez y haciéndose viejas, cuando en realidad están llenas de sueños, de ganas de salir adelante, por ellas y por sus hijos, porque está en su naturaleza buscar esa plenitud. Me mueve tanto leerlas, me mueve saber que pueden con eso y más, y me duele que no se den cuenta.

Hoy mi pregunta para cada una de ellas es: ¿qué te da más miedo? ¿Salir y hacerte cargo de tu propia felicidad?, ¿vivir y experimentar cosas nuevas en tu vida?, ¿descubrir que eres más fuerte y valiente de lo que te habías imaginado?, ¿miedo de realmente encontrar tu camino y decir "lo logré"?

¿No crees que es más fuerte el miedo de quedarte ahí, apagándote, sintiéndote cada día más triste, invisible, viendo cómo los demás tienen algo mejor que tú, mientras tú *te si-*

gues contando la historia de que tienes miedo de dejarlo, de que no serás capaz, de que "está muy difícil allá afuera"? No vas a vivir para siempre, y nunca va a llegar el momento "perfecto". El momento perfecto ¡es hoy! No cuando llegues al final de tu vida, mires al pasado y veas que no pudiste realizar tus más grandes sueños, solo por dejar que el miedo a intentarlo te paralizara. Ese es el miedo al que debes ponerle atención, **el miedo a perderte.**

Date cuenta de que empezar a sentir esa falsa comodidad en una situación que simplemente **no** te hace feliz empieza limitándote en aspectos pequeños, pero que, al dejarla crecer, cada día te crea más y más miedos. En ciertos momentos de mi vida, he llegado a un punto de infelicidad total, pero aun así el miedo al más mínimo cambio me paralizaba.

CUANDO EL MIEDO NO ES MIEDO

Los mensajes que me llegan a diario de personas contándome sus historias, realmente me han ayudado a analizar por qué reaccionamos con miedo ante diversas situaciones de la vida. Muchas veces paso horas leyendo y respondiendo mensajes privados y analizando la forma en que las personas actúan ante las situaciones que se les presentan. Justamente, estos análisis de tantas y tantas historias, en donde siempre o casi siempre se esconde un temor, me han llevado a darme cuenta de que muchas veces el miedo no es miedo. Así como lo lees; la evasión al riesgo que supone para ti tener **absoluta responsabilidad**

sobre tu vida, es la que realmente no te deja avanzar. Y claro, es mucho más cómodo echarle la culpa al miedo, "es que me da miedo, entonces aquí me quedo y no haré ese proyecto que me ronda tanto por la cabeza... mejor no, qué miedo". Realmente tu miedo no es miedo a hacer las cosas; ¡sino al resultado que te van a dar! Y muchas veces, te aseguro, que estás tan, pero tan consciente del potencial que tienes, que tu "miedo" realmente no es miedo a hacer las cosas, ¡es la evasión a las responsabilidades nuevas que llegarán con el éxito! Sean las que sean: personales, familiares o profesionales. Da lo mismo. El punto es que no quieres hacerte cargo de cualquiera que sea la consecuencia de tomar una decisión.

Por ejemplo, si tu deseo es empezar un canal de YouTube, y ya tienes definido el tema, posees los conocimientos necesarios, conseguiste alguna cámara y, sobre todo tienes las ganas de hacerlo, pero al final no lo haces, realmente no te da miedo sentarte frente una cámara y hablar. Es posible que en realidad no deseas hacerte responsable de esa decisión y quieras evitar los malos comentarios, que te comparen con otros, la responsabilidad de tener que crear contenido constantemente, etc. etc. Lo que realmente no te deja avanzar, es el negarte a enfrentar la responsabilidad, y evitar el esfuerzo que sabes que debes ponerle a tu canal para mantenerte vigente y llegar hasta donde **sabes** que eres capaz de llegar. Analiza esta idea un poco más a profundidad: muchas veces no es miedo, sino evasión a tomar control total de tu vida. Analízalo sin culpar al miedo, al pasado o a alguien más. Es no querer responsabilizarte sobre esas consecuencias.

Me imagino que ahora te estarás preguntando: "Paola, pero, entonces, ¿cómo sé cuándo es realmente miedo y cuándo es solamente evasión?". ¡Muy fácil! Visualiza el peor escenario posible. Ojo, no te me enganches demasiado, **no lo sientas**. Solo piensa en aquello que sería lo peor que podría pasar.

Si haces tu canal y empiezas a crecer, la gente te pide más y más contenido, y tal vez aparecen los malos comentarios. Después aparece también la presión de hacer videos cada vez mejores; tal vez hasta te comparen con otros creadores, diciéndote que ellos son mejores que tú; o hasta te digan "¡qué tienes en la cabeza para pensar que lo haces bien!". Pregúntate: "¿qué tan malo puede ser?". A ver, pensemos: Una persona detrás de una computadora, posiblemente con una foto de perfil en blanco o de algún personaje de caricatura te está ofendiendo. Desde la comodidad de su sofá, alguien decide escribir cosas terribles en tus videos, seguramente pasando a varios canales a hacer lo mismo. ¡Uy, qué miedo, eh! ¿Es en serio? ¿Realmente vas a permitir que algo así acabe con tu sueños? ¡Pues claro que no!

Cuéntate una historia diferente a la que te has contado y simplemente di "¡puedo con eso y más!". Justo en ese momento notarás que lo que te "aterraba" no era el hecho de subir un video, sino lo que conlleva el subir un video. Pero, una vez que separas tu miedo en mil pedazos y lo analizas, te das cuenta que puedes con cualquiera que sea el resultado; incluso si el canal fracasa y no vuelves a crear un solo video por el resto de tu vida. "Puedo con ello". Recuerda, que todo en esta vida es un aprendizaje, todo depende de *la historia que te cuentes acerca de ese aprendizaje*. Puede ser una historia como "Lo sabía, soy un fracaso", o quizás otra que suene así: "Lo intenté, me di cuenta de que no era para mí y seguí adelante, y ¿qué crees? Estoy muy orgullosa de mí por haberlo intentado".

Entonces, te toca analizar más a profundidad esos miedos y descubrir si lo que pensabas que sentías era realmente miedo o una simple cortina de humo que no te dejaba ver lo que en realidad te frena a hacer las cosas; como puede ser la falta de ganas de responsabilizarte por tus acciones o la falta de confianza en ti misma. A partir de ahora, piensa en lo peor que podría pasar. De nuevo, ¡no te me enganches ni lo visualices mucho! Solo considera el peor escenario, entendiendo que **tu vida no se acaba si fracasas** y cuéntate la historia de que puedes con eso y más.

Así que ya no hay por dónde huir del miedo. A partir de ahora, cada que vez que un miedo venga a ti, ¡ya sabes qué hacer! Al enfrentarlo, ya habrás imaginado tanto el mejor como el peor escenario y te habrás contado la historia de que, cualquiera que sea el resultado, estarás bien y seguirás adelante. A partir de ahora, cada vez que algún miedo vuelva a visitarte, ¡salúdalo! Y recuérdale que tú tienes el control, agradécele el "aviso" y déjalo pasar.

"Los peores embusteros son nuestros propios temores"

-RUDYARD KIPLING

Habrá ocasiones en las cuales el miedo se disfrace de experiencias pasadas. Por un lado, esto es algo muy positivo que te hará pensar las cosas dos veces; pero, por otro, puede ser uno de los mayores obstáculos en tu vida. También es sumamente importante saber identificar y reconocer que hay que ser precavida, sin permitir que eso trunque nuevas experiencias.

Como comenté, a los 15 años el chico del cual estaba perdidamente enamorada me mandó a asaltar en mi propia casa. Era aparentemente un chico de muy buena familia, pero lamentablemente resultó que tenía amistades bastante peligrosas. Tengo un video en mi canal en el cual cuento a detalle toda esta terrible experiencia. Lo que me faltó decir, es que por buscar agradarle (por ese miedo al rechazo del cual te hablé), a todo le decía que sí, incluso cuando me llegó a insinuar que traía en el bolsillo tarjetas de crédito "chocolatas", cosa que de momento yo no entendí (eran tarjetas clonadas), y me pidió que entráramos a una tienda para comprar. Afortunadamente, terminamos por no entrar a la tienda, pero yo, buscando esa aceptación, quería decirle que sí a todo para ver si lograba gustarle.

Quiero pensar que tenía algún problema con esas amistades peligrosas y que necesitaba dinero rápido. Solo él y otro compañero sabían ciertas cosas de mí y de mis pertenencias, los horarios de trabajo de mi madre, etc. Así que un día llamó a mi puerta un tipo argumentando que traía flores para mí de parte de otro chico de la escuela. Insistió mucho en pasar a la casa a hacer una llamada telefónica hasta que me convenció y, cuando entró, lo primero que hizo fue ponerme una navaja en la garganta.

Todo fue muy rápido, pero no por eso menos doloroso e impactante. El tipo medía casi dos metros, y estoy segura de que iba bajo los efectos de algún estupefaciente; se puso tan nervioso que al revisar nuestras cosas y encontrar el revólver de colección de mi abuelo que conservaba mi mamá, me lo puso en la sien y me amenazó con disparar si no le daba todas las cosas que tuvieran cierto valor en mi casa. Obviamente no lo hizo, ya que sigo aquí; sin embargo, sí hubo golpes, intimidación y muchas amenazas. Todo fue muy impactante. Es obvio que ésta fue una de las experiencias más dolorosas de mi vida, definitivamente marcó un antes y un después.

Te imaginarás que, ante semejante experiencia, me llené de miedos por todos lados. Un punto importantísimo aquí, es comprender cómo un miedo me llevó a tener otros más grandes, por eso hay que temerle más al miedo como tal. Un temor particular te puede llevar a desarrollar muchos más, y es por eso que hay que aprender a manejarlos.

Uno de los miedos más fuertes que surgieron después de este asalto fue el miedo a volver a confiar, siquiera remotamente, en cualquier chico atractivo; y más me valía tener cuidado con que fuera un "niño bien", porque, gracias a esta experiencia, el miedo a volver a pasar por algo parecido *me hacía contarme la historia* de que ni por error debía acercarme, y mucho menos confiar en ese tipo de personas. Esto derivó en que evadiera o boicoteara cualquier relación de amistad con los muchachos nuevos a los que conocía. Durante la preparatoria, jamás tuve amigos que fueran de "buena familia", debido a aquella experiencia que me hacía pensar que todos los niños ricos serían iguales a aquel individuo.

Entonces, no porque tu expareja te haya sido infiel quiere decir que con tu próxima pareja te vaya a suceder lo mismo. Obviamente, tendrás tus dudas, y eso es totalmente válido.

Usa esa experiencia para conocer mucho mejor al prospecto en cuestión, pero **jamás asegures,** como lo hice yo, que todos serán iguales. De esta forma, te estarás perdiendo de conocer a alguien maravilloso solo por contarte la historia de que pasará lo mismo debido a esa mala experiencia pasada. Mi asalto fue solo eso: una experiencia, y terminó en el momento en que ese hombre salió de mi casa. No determinaba que a partir de entonces todas las personas que se me acercaran tuvieran malas intenciones conmigo. Después de muchos años, me di cuenta de la enorme barrera que ponía cada que alguien se me acercaba, ya fuera para amistad o para cortejarme, y gracias a eso, me perdí de conocer y vivir nuevas experiencias con muchas personas con un gran corazón. Con el tiempo, empecé a sentir las consecuencias de ser tan cerrada y decidí cambiar, *decidí contarme la historia de que yo era capaz* de identificar cuándo alguien tenía buenas intenciones conmigo, y también *me conté la historia* de que si llegaba a equivocarme, podría vivir con eso.

En la actualidad, soy muy cuidadosa con las personas que dejo entrar en mi vida, ¡pero las dejo entrar! Desde entonces, he conocido seres valiosísimos en mi vida, "niños o niñas bien" ¡que sí son niños o niñas bien! Que son mis amigos y que han hecho grandes aportes a mi vida. Claro que también he conocido a otros personajes por ahí, que dejan mucho que desear ,¡pero,puedo vivir con eso! Todo es cuestión de sacarlos de mi vida y seguir adelante. Lo mismo puede pasar contigo si decides que tus experiencias sean solo experiencias, que aprendas de ellas y saques lo mejor, no que desarrolles nuevos miedos.

TOMANDO ACCIÓN

Por favor toma tu lista de miedos y, de tus hojas de actividades, toma la hoja llamada "Mis metas" y escribe lo que antes eran tus miedos, ahora transformados en objetivos, aquí un ejemplo:

Si tu miedo era dejar tu trabajo, tu meta será:

"Tener un empleo que me llene en todos los sentidos".

Si tu miedo es dejar una relación tóxica, tu meta será:

"Estar en una relación llena de amor, respeto y pasión".

Estos son solo ejemplos. En esta sección de las hojas de actividades, vas a diseñar tus metas una por una; metas que te hagan sentir feliz, que te hagan ilusión con solo escribirlas. Estas son el inicio de este viaje; más adelante, se convertirán en decretos, y así verás cómo empiezas *a contarte una historia diferente*.

Escribe todas tus metas. Pero ¡ojo!, estamos rediseñando **tu** vida. Así que plantéate objetivos que con solo pensarlos te llenen el pecho de ilusión. Metas que siempre has tenido, o que, tal vez, has tenido miedo de tener *por una historia mal contada*. Así que te pido que pienses en ti, en lo que te hace feliz, en lo que quieres para tu vida y no en lo que papá, mamá o la sociedad te han dicho que está bien; de lo contrario, de nuevo estarás repitiendo la historia que **ellos** te contaron y propondrás metas que deriven de esas ideas. Así que piensa en ti, en lo que te hace feliz y ¡escribe!

Si sueles ser una persona muy aprensiva o siempre velas antes por los demás que por ti, es posible que te cueste trabajo pensar en las consecuencias que tengan esas metas sobre los seres que te rodean. Por ejemplo: si eres madre soltera y tu prioridad son tus hijos, y resulta que una de tus metas es aprender comercio electrónico, pero temes dejar de dedicarles tiempo, o temes que se sientan abandonados. O tal vez deseas una pareja, pero temes que tus hijos no aprueben la relación o les afecte el hecho de "compartirte" con alguien o, de nuevo, que se sientan abandonados.

Muy bien, vamos a analizar las cosas. Detrás de esos miedos *te estás contando la historia* de que no podrás dedicarles tiempo de calidad a tus hijos, de que no serás capaz de organizarte para hacer ambas cosas, la historia de que no mereces de hecho, cumplir una meta **que anhelas**, la historia de que sentirte realizada por un logro profesional no es tan importante como la felicidad de tus hijos, la historia de que el hecho de tener una pareja que te ame, va en contra del bienestar de tus hijos.

Fíjate cómo todas *son historias mal contadas*. ¡A eso se resumen tus miedos! ¿Quién te dijo que tu felicidad es menos importante que la de alguien más, así sean tus hijos? Qué bonito sería contarte lo siguiente:

> *"Mi felicidad es la base para desempeñarme mejor como madre, y puedo mostrarles a mis hijos cómo también ellos se merecen ser felices en su vida sin importar la situación en la que estén, ¡yo me merezco ser feliz por mí y por ellos!".*

O tal vez contarte algo así:

"*Soy capaz de prepararme para poder tener un negocio propio y seguir pasando tiempo de calidad con mis hijos, estoy segura que ellos entenderán que mamá está trabajando para tener un mejor presente. Merezco demostrarme de lo que soy capaz*".

¿Verdad que se siente mucho mejor contarte una historia así? Se te llena el pecho de ilusión y logras sentirte en control de tu vida. Así que, basándote en estos ejemplos de historias bien contadas, empieza a escribir tus metas y deja los miedos atrás. ¿Lo estás haciendo? ¿Estás tomando acción? ¡Muchas felicidades! Has comenzado a quitarte por fin esas piedras en tu zapato. ¿Estás lista para seguir caminando?

EL PILOTO AUTOMÁTICO Y UNA DECISIÓN CONSCIENTE

*"Te has criticado a ti mismo durante años, y no ha funcionado.
Prueba halagarte y observa qué ocurre"*

- Louise L. Hay

Muy bien, si ya hiciste la lista del capítulo uno, sigue leyendo, (¡no hagas trampa!). Te va a servir mucho para este segundo episodio. Así que, si no lo has hecho, vuelve al capítulo anterior. No lo dejes para después, ¡aquí te espero!

Una vez que hayas sido capaz de analizar tus miedos, de comprender de dónde provienen y si son tuyos o no, y hayas hecho tu lista y tus meditaciones, estarás lista para comenzar a controlar esos miedos. Lo más importante es que ya no permitirás que sean ellos los que rijan la historia de tu vida, ahora serás tú misma *quien cuente la historia que te mereces*.

Pero ¿qué pasa cuando tienes un pensamiento o tomas una decisión en piloto automático sin darte cuenta? ¡Sí, en piloto automático! Las acciones en piloto automático son esos pensamientos o decisiones que no tienen nada que ver con tus miedos, pero que aun así puede que no sean los más adecuados para tu vida. Entonces, cuando tomas decisiones en piloto automático, especialmente cuando estas decisiones tienen un rumbo equivocado, sigues obteniendo **los mismos** resultados porque *sigues contándote la misma historia de siempre* y crees que es "normal" pensar así. En este capítulo te voy a mostrar cómo identificar ese "piloto automático" y sobre todo, a analizar las razones que te llevaron a él.

"Locura es hacer lo mismo una y otra vez esperando obtener resultados diferentes"

-ALBERT EINSTEIN

Te aseguro que, más de una vez en tu vida, has tomado las mismas decisiones equivocadas una y otra vez, y parece que "no aprendes la lección" o "tropiezas de nuevo con la misma piedra". Estos son claros ejemplos de que has estado viviendo en un piloto automático, porque te cuentas la historia de que así es tu manera de pensar, que tienes "mala suerte". Y no, esto no es así. Esta es simplemente la forma en que la vida te está demostrando que vas dirigiendo una existencia adormecida, sin estar de forma consciente contándote la historia que te mereces contarte y de hecho, hacerla realidad. Esto es más sencillo de lo que crees; así como un piloto **decide** tomar el mando del avión para llevarlo a su destino, de la misma manera, tú puedes decidir tomar el control consciente de tu vida y cancelar esos pilotos automáticos mal programados.

"Algunas veces hay que decidirse entre una cosa a la que se está acostumbrado y otra que nos gustaría conocer"

-Paulo Coelho

GABY

Tengo una amiga que es la mujer perfecta: guapa, inteligente, carismática y trabajadora; simplemente una chica con mucho ángel. La llamaré "Gaby" para proteger su identidad. Curiosamente, Gaby siempre terminaba con el mismo tipo de pareja: un hombre muy carismático, bien parecido y mayor que ella; además, mágicamente todos, absolutamente todos, uno detrás de otro, sin excepción, flojos y mantenidos. En resumen, fracasados y verdaderos patanes. También, casualmente, todos ellos llegaban con el disfraz del príncipe azul que rescata a la damisela en apuros.

Cada vez que me presentaba al nuevo galán, muy emocionada, me decía: "¡Pao, este sí es el bueno!", y yo de corazón esperaba que esa vez así fuera. ¡De verdad que todos aparentaban ser el hombre perfecto! La mayoría eran muy bien parecidos y me preguntaba de dónde sacaba Gaby a estos hombres con aspecto de modelos de revista y siempre con el comentario exacto para cualquier conversación. Simultáneamente, cada vez que conocía a su nueva conquista, no puedo negar que también pensaba: "Ahora, ¿qué estará mal con este individuo?".

Pasaba el tiempo y, unos meses después, me llegaba algún mensaje de Gaby diciéndome que estaba destrozada y que necesitaba que fuéramos a un café porque de nuevo su relación había fracasado y su ánimo estaba por los suelos. Cuando la veía, *me contaba la misma historia de siempre,* y a mí se me partía el corazón al ver tan deprimida a una mujer tan valiosa y a quien aprecio tanto.

Todos conocemos a alguien así, ¿cierto? (¿O tal vez somos esa persona?). Y no puedes evitar pensar por qué, siendo una persona con tantas cualidades, siempre termina con parejas que la hacen sufrir tanto; o nos preguntamos por qué, después de tantas experiencias similares, no aprende la lección. Parece que no tiene ningún sentido, ¿verdad? Sin embargo, si analizamos su infancia y sus creencias, nos daremos cuenta de que tiene sentido, ¡y mucho! También, si estudiamos el caso más en profundidad, todos esos hombres tenían algo en común: **¡A ella!** Ella era quien los atraía, ella era quien los buscaba y ella era quien se aferraba a ese tipo de relaciones. Al contarse la misma historia, invariablemente terminaba con los mismos resultados que le rompían el corazón. Este piloto automático tenía un trasfondo, todos lo tienen.

Gaby creció llena de lujos y comodidades en una familia amorosa. Su madre, que es una de las personas más lindas que conozco, siempre fue un ángel para mi amiga, a quien siempre llamaba "mi princesa" y claro, la trataba como tal. Parecía que quería tenerla siempre dentro de una burbuja. Ella era la consentida; su hermano tenía que acompañarla a todos lados, su mamá siempre decía: "no sea que le pase algo". Con el paso de los años su papá, que es un muy buen hombre y a quien también aprecio mucho, cayó en el terrible alcoholismo. Por desgracia, y como era de esperarse, los años en los que él estuvo arrastrando este mal afectaron mucho a toda la familia y, por supuesto, a Gaby.

Entonces, por un lado, tenemos a la Gaby empoderada, carismática, con una personalidad magnética y, por otro lado, a la Gaby que en su mente tiene *grabada la historia* de que es una princesa. Una princesa que ama con todo su corazón a uno de los hombres más importantes de su vida: su padre, el cual tiene una enfermedad sumamente cruel y a quien siempre quiso cuidar.

Los hijos de padres alcohólicos generalmente desarrollan un alto sentido de lealtad que muchas veces *les cuenta la his-*

toria de que deben soportar cualquier cosa que les hagan las personas a las que aman. También, sin percatarse, se cuentan la historia de que deben rescatar a otro hombre o mujer en su vida, alguien que tenga "algo que arreglar". Esto aplica para hombres y mujeres por igual. Ya vas entendiendo un poco más a Gaby, ¿verdad?

Entre muchos de los mensajes que me llegan todos los días, lamentablemente hay historias muy similares a las de Gaby: el padre o madre alcohólico que afecta en muchos sentidos, y también está el factor común de las personas que me escriben acerca de entrar en el papel "del cuidador", que no es otra cosa que estar **tapando o negando** los errores y conductas del alcohólico para aparentar que todo está bien. Ese también fue el caso de Gaby hacia su papá, así que sé que muchos pueden relacionarse con este relato.

Entonces, con estos antecedentes, es fácil comprender que Gaby se contaba la siguiente historia a nivel subconsciente:

> *"Soy una princesa delicada y frágil, hay cosas que no puedo hacer por mí misma y es mejor que un hombre llegue y las haga por mí. Siempre debe haber alguien en mi vida, de preferencia un hombre que venga a cuidarme. No pude arreglar a mi padre, así que para llenar esa necesidad, buscaré a una pareja que tenga algo que arreglar".*

Ese era el "piloto automático" de Gaby. Ya estaba tan programada que no se daba cuenta de que, a nivel subconsciente, *esa era la historia que se contaba* sobre lo que **debía** buscar en una pareja.

Un día, muy deprimida y cansada de siempre tener mala suerte con los hombres y darse cuenta de que ella era el factor común de todas esas parejas, decidió por fin ir a terapia (consejo que le di por años). En este gran viaje llamado terapia psicológica, aprendió dos cosas que fueron su parteaguas para que hoy, por fin, sea una mujer felizmente casada con un hombre maravilloso y dos hijos.

¿Cuáles eran esas dos cosas? Para ilustrar la primera, les contaré un ejemplo que le dio su terapeuta y me encantó (alerta de *spoiler* para los que no han visto las películas de Toy Story). En la primera película, aunque está hecha para niños, hay una escena bastante fuerte y con gran enseñanza; en dicha escena, Buzz Lightyear se da cuenta de que en realidad NO puede volar, que NO es único en su especie, que su misión NO es salvar al universo, que NO es un héroe y que NO es único: es solo un juguete más, y hay miles de ejemplares iguales a él en las jugueterías. Al darse cuenta, entra en negación y su mundo se cae a pedazos; incluso intenta lanzarse al vacío y probar que puede volar, solo para terminar deprimido en el suelo. Sin embargo, eventualmente acepta que, a pesar de no poder volar, es un juguete especial con una misión importante: estar ahí para su dueño, Andy. Podemos decir que Buzz **puso los pies en la tierra**, salió de ese piloto automático de fábrica, aceptó su esencia y fue feliz con ella. Así que, después de escuchar esta historia, Gaby tuvo una revelación muy similar.

Con este ejemplo tan bien ilustrado, mi amiga entendió que no tenía nada de malo no ser una princesa frágil que necesita a un hombre para que la cuidara, tampoco estaba mal el desprenderse de la idea de que "tenía" que arreglar a sus parejas. Eso no la hacía mala, la hacía dueña de su propia felicidad y la ponía en control de su vida. Esta revelación la sacaba de su piloto automático "de fábrica"; es decir, de la idea con la que la criaron en casa. Con esto, por primera vez en años, comenzó a tomar el control de su vida amorosa. Desprenderse de ese ideal no fue fácil. Al igual que ese pequeño personaje, a Gaby se le cayó su mundo de princesas; sintió por un momento que una parte de ella había muerto, pero lo que en realidad murió, fue *la historia* de que ella era una princesa frágil. Esa jamás fue su realidad, solo fue *una historia mal contada* que la llevó a vivir en piloto automático por muchos años de su vida. Entendió que nunca fue una mujer inútil, al contrario, se dio cuenta de que siempre fue una mujer capaz de hacerse cargo de ella misma.

Me llamó y me dijo: "¡Pao, por fin entiendo todo! ¡No soy una princesa! ¡Yo soy mi propio "Andy"!". Se podrán imaginar la cara de "what" que puse, ya que no entendía absolutamente nada, y que pensé que había salido de la terapia peor de lo que entró, pero la escuché tan feliz que le pedí que nos reuniéramos para que me contara todo.

Durante horas me habló de sus nuevos descubrimientos y me dijo que la segunda revelación que tuvo fue que ella debía ser feliz primero para después compartir su felicidad con alguien más, y que para ser feliz primero debía amarse y **conocerse**. Comprendió que jamás encontraría una relación estable con un hombre a quien tuviera que arreglar, mantener, impulsar, etc. *Dejó de contarse la historia de la princesa débil* que no era capaz de salir al mundo sola y triunfar por sus propios méritos, dejó de contarse la historia de que algún hombre perfecto llegaría a rescatarla. Y, lo más importante, *empezó a contarse la historia* de que merecía y encontraría a un buen hombre que estuviera a su nivel, alguien que la respetara y la amara, decidido a volar junto a ella. Un hombre en control de su vida, con sus defectos, como todos, pero no con una personalidad rota que se tuviera que reparar (de hecho, prácticamente se hizo "alérgica" a este tipo de individuos). ¿Qué tal, eh? Por fin aceptó y reconoció su esencia ¡y le encantó! Se enamoró primero de ella misma, encontró esa fuerza que siempre había existido en su interior y salió al mundo con un nuevo enfoque. Se concentró en desarrollar su misión de vida y ahí, sin esperarlo, fue cuando llegó ese gran hombre que siempre había merecido.

Estuve en su boda y esa sí que fue una historia real con un final feliz. Sin princesas ni príncipes rotos. Ojo, este final feliz no fue porque "ya le tocaba", o porque "tuvo suerte" ni por estar en el momento adecuado en el lugar correcto. No fue por eso, este final feliz fue la **consecuencia** que tuvo *por decidir contarse una historia diferente,* ¡y creérsela! ¡Tú también puedes hacerlo!

Así que, por favor, deja de pensar (como Gaby antes de ir a terapia) que tienes mala suerte en el amor, dinero, salud, trabajo, etc. O peor aún, que estás "salada". Yo no creo en la suerte, yo creo que la forma en la que te cuentas tu historia es la que determina si llegarás o no al éxito en tu vida. Por eso es tan importante analizar tu presente y, sobre todo tu pasado:

para identificar el piloto automático que está dirigiendo tu existencia, para detectar el origen de ese camino mal tomado, para tomar el control a la de **ya**, para conscientemente cambiar tu vida de rumbo (entendiendo y perdonando cualquiera que haya sido el origen de ese rumbo).

"Mujeres, ustedes no son el centro de rehabilitación de hombres que han sido criados erróneamente. No es su trabajo arreglarlos, cambiarlos o criarlos. Ustedes quieren un compañero de vida, no un proyecto de labor social"

-JULIA ROBERTS

TU PRESENTE

Por favor, no pienses que tienes que ser perfecta todos los días, a todas horas, para poder contarte una historia de éxito. ¡Eso no es realista! Lo que sí es realista, es lograr identificar tus pensamientos a tiempo y cambiarlos en ese momento; así que te voy a mostrar con ejemplos cómo puedes hacerlo día con día. Para esto, lo primero que debemos hacer es analizar la historia que te cuentas de ti misma. Todo lo que eres hoy es el resultado de lo que te has contado. Vuelve a leer: ¡Todo lo que eres hoy es el resultado de lo que te has contado! Y, sin saberlo, muchas historias te las has contado en piloto automático.

Así que te aconsejo hacer un análisis profundo de tu presente y responder las siguientes preguntas. Sé lo más sincera posible por favor. Recuerda que aquí no hay culpables ni víctimas, tampoco hay respuestas "correctas", solo hay consecuencias, así que sin ser víctima de nada, ni de nadie, responde, analiza y escribe tus respuestas:

- *¿Cuál es la actitud que predomina en mi día a día?*

- *En general, ¿soy feliz?*

- *¿Mi economía es la que deseo?*

- *¿Mi pareja es realmente la persona con la que quiero estar?*

- *¿Tengo la salud que merezco?*

- *¿Me rodeo de la gente adecuada?*

- *¿Respeto y cuido mi cuerpo?*

- *¿Mi vida profesional es la que soñaba de niño?*

- *¿Termino mis proyectos?*

No te enojes ni te deprimas por tus respuestas. Aquí lo importante es que analices qué historia te has estado contado para llegar a tus resultados actuales, cuáles han sido resultado de tu piloto automático y cuáles han sido resultado de una decisión consciente y de una historia **bien** contada hacia ti misma. Estas respuestas pueden revelarte muchas verdades. Necesito que te des cuenta de que hoy serás quien decidas ser. Así que dime: ¿qué historias vas a contarte ahora, las mismas de siempre? o ¿comenzarás a contarte nuevas historias llenas de fuerza y poder? Incluso puedes programar ese piloto automático, pero esta vez ¡en la dirección correcta!

Aquí no se vale decirme: "¡Pao! Es que no estudié, es que no tengo dinero, es que no sabes por las que he pasado, es que mi depresión, es que mi peso", es que, es que, es que... ¡Basta! Si tu reacción a tu respuesta fue algo así, date cuenta de que **te estás justificando** para seguir con las mismas historias de siempre, que tu piloto automático se niega a apagarse.

Que te quede claro:

~ Si tu actitud en el día a día no es la adecuada, es la consecuencia de la historia que te cuentas al despertar todos los días.

~ Si no eres feliz, es debido a que te cuentas una historia de infelicidad.

- Si tu economía no es la que quieres, es porque, te cuentas una historia de escasez.

- Si tu salud no es la que mereces, tal vez es porque, en la historia que te cuentas, no mereces cuidar tu cuerpo, o no mereces bienestar.

- Si procrastinas y no terminas los proyectos que comienzas, probablemente es porque te cuentas una historia de fracaso, por tu miedo al éxito o por que no te crees capaz de terminar un proyecto importante.

- Si tu pareja no es la que deseas, posiblemente es la consecuencia de contarte una historia donde no mereces ser feliz, o porque, al igual que Gaby, tu piloto automático debe cambiar de rumbo.

Como ya te dije, todos estos resultados son la consecuencia de pensar erróneamente, de ese piloto automático que posiblemente no sabías que debías cambiar. Así que necesito que te quede claro que no eres una fracasada, no eres una irresponsable, ni se te fueron las oportunidades. Este análisis a tus respuestas no es para que te sientas decepcionada de ti misma, ¡al contrario! Es para que te des cuenta de que hoy mismo puedes cambiar tu presente con el simple hecho de contarte las historias correctas en cada uno de los ámbitos de tu vida. ¡A partir de hoy solo te contarás una historia donde eres absoluta y totalmente feliz! Y tomarás acción para que las cosas sucedan.

Ahora, ¡está el otro lado de la moneda! Posiblemente te hayas juzgado mal en ciertos aspectos de tu vida y, al analizar estas respuestas, hayas caído en cuenta de que ¡estás mejor de lo que pensabas! Por ejemplo, puede que por mucho tiempo te hayas contado la historia de que no eres exitosa en tu vida profesional, pero, si analizas bien, estás llena de proyectos y tienes el reconocimiento de la gente que te rodea en el ámbito laboral. Tal vez ahí puedas darte cuenta de que *te has contado una historia errónea* y de que has sido demasiado dura contigo misma y no te has permitido reconocer o celebrar tus logros. Recuerda, ya no es hora de culpar a mamá, papá, tu pareja, etc. Esas historias te las has contado tú y nadie más que tú. Así que analiza bien y haz esta radiografía exacta de tu presente.

Pero, si eres como Gaby, que iba en piloto automático de relación fallida en relación fallida, es posible que te estés dando cuenta de las razones por las cuales siempre repites patrones, ya sea en las parejas, el trabajo, tu salud, tus proyectos, ese idioma que quieres aprender, etc. La buena noticia aquí es que tú eres el piloto de tu propio destino, y si estás leyendo este libro, ¡estás lista para dejar el piloto automático y tomar el mando!

"Tu tarea no es buscar el amor, sino simplemente buscar y encontrar todas las barreras dentro de ti que has construido contra él"

-RUMI

EL VISOR

Las respuestas que te diste prácticamente abarcan todos los aspectos de tu vida, con ellas tienes en tus manos una radiografía de lo que es tu realidad al día de hoy. Así que, en el próximo capítulo, vamos a analizar punto por punto las respuestas que diste y, lo más importante, vamos a ver cómo hacer para cambiarlas si estas no fueron las adecuadas. Antes de hacerlo, también es importante que detectes esas falsas creencias que seguramente llevas años repitiéndote; parece que nosotros mismos a veces somos los encargados de ponernos una venda en los ojos o un visor que nos nubla la realidad.

"Te has criticado a ti mismo durante años, y no ha funcionado. Prueba halagarte y observa qué ocurre"

-LOUISE L. HAY

Hace unos meses mi novio adquirió varios juegos de realidad virtual, todas estas cosas de tecnología le encantan y jugar con ellas es su manera de relajarse después de un día de trabajo intenso. La mayoría son juegos de combate, otros de zombis, algunos para niños de crear dibujos en 3D, etc. Me moría de ganas de mostrárselos a mi mamá, así que la invité a la casa, le puse el visor y, para comenzar, le puse una escena de una playa exótica preciosa, con el cielo estrellado, colores muy intensos en el mar, arena perfecta, etc. Le gustó mucho, así que pensé en ponerle algo más "divertido". Se trataba de una simulación en la que te sumerges en el mar dentro de una jaula, y mientras vas bajando, ves poco a poco a muchos pececillos de colores, corales muy lindos, tortugas, mantarrayas, y, al final, ¡llega un tiburón a atacar tu jaula! Como podrán imaginarse, por el temor que le tiene mi madre al agua, comenzó a darle un ataque de ansiedad tremendo. Ni siquiera llegó a la parte del tiburón porque terminó aventando el visor lo más lejos posible, sentía que no podía respirar. Lo que pasó fue que el simulador había logrado **engañar** *a su cerebro* al grado de provocarle un ataque de ansiedad, cuando en realidad estaba sentada cómodamente en nuestra habitación de juegos.

Con tu cerebro pasa exactamente lo mismo. Sin darte cuenta, vas con ese "visor" en tu día a día, con una actitud apática, y te cuentas una historia más o menos así:

"Un día más de aguantar a ese jefe", "Un día más de pelear con mi pareja", "Un día más de no luchar por mis sueños porque aún no es el momento perfecto" o "Un día más de sentirme infeliz por...".

Al hacer esto, te estás ahogando en ese mar virtual que simplemente **no** existe. La buena noticia es que hoy mismo vas a quitarte ese visor, te vas a mirar al espejo y vas a reconocer al maravilloso ser humano que eres. Para lograr un cambio de actitud, vamos a viajar un poco en el tiempo.

Piensa en ti cuando eras más pequeña y recuerda todos esos sueños y anhelos que tenías, esos que hacían que se te llenara el pecho de ilusión con solo imaginarlos. ¿Cuáles eran? Pensabas que serías capaz de todo, ¿verdad? Casi puedo asegurarte que *confiabas ciegamente* en que llegarías a cumplir todos tus sueños. ¡Que serías feliz! ¡Estabas segura! *Te contabas una historia llena de amor, de sueños,* de ganas de ser un adulto para poder vivir tu vida tal como la imaginabas. Mi pregunta es: ¿en qué momento comenzaste a contarte una historia diferente? ¿Fue una mala experiencia? ¿Una historia que te contaba alguien más? ¿Qué factores fueron los que hicieron que al día de hoy no cumplas ese sueño? ¿Qué pasó para que hoy no luches por esa meta, para que no hagas lo que tengas que hacer para vivir la vida que te mereces? Analízalo y date cuenta de que no eres una princesa en apuros, tampoco eres una perdedora solo porque tus padres te lo decían, ni estás destinada a la mediocridad por no haber recibido una buena educación, tampoco tienes que ir por la vida rescatando a la gente, como lo hacía Gaby y mucho menos tu vida depende de "la suerte".

Que se te caigan *ya* esos visores que te hacen ver una falsa realidad. Entiendo que algunos estarán tan pero tan profundamente arraigados dentro de ti que, en este momento, puede que te parezca difícil sacarlos de tu mente. Pero, te tengo una noticia, ¡es cuestión de minutos!

Toma una foto tuya de cuando eras pequeña, de unos siete a nueve años más o menos. Si no la tienes, solo recuerda, visualiza a esa pequeña y siente exactamente cómo se sentía esa niña que eras y que sigues siendo, porque sigue viviendo dentro de ti. ¿Recuerdas cuántas ilusiones tenías? Yo sé que no lo has olvidado, sé que aunque algunas personas en tu vida, incluyéndote, le contaron a esa pequeñita una historia equivocada, tú sigues creyendo en ella, en esas ganas y esa confianza que tenía para lograr tantas cosas.

Cuando somos niños y nadie aún nos ha contado la historia de que la vida es difícil, o de que no seremos buenos para tal o cual cosa, **sabemos** en nuestro interior lo que somos capaces de lograr. ¿Recuerdas con qué ganas abrazabas a tu madre, a las personas más importantes para ti? ¿Recuerdas que siempre te enfocabas en lo bueno de esas personas? ¿Recuerdas cómo tu papá o tu mamá eran tus héroes? ¿Cómo las cosas más sencillas eran motivo de alegría? Te tengo una noticia: esa es tu esencia más pura, ¡esa eres tú! Ese es tu corazón de niña que siempre vivirá dentro de ti, no lo dejes a un lado. Esa niña te habla todos los días, está orgullosa de ti y te ama. ¡Recuérdala, siéntela!

Llénate de esa ilusión, de esas ganas que tenía esa pequeña de comerse al mundo. ¡Vuelve a contarle esas historias que la hacían soñar! Deja que se te vuelva a llenar el pecho de esperanza tal como te sentías de niña. Enamórate del ser que eres al día de hoy, entiende que ¡eres un ser perfecto así tal cual eres! Te lo repito, ¡eres perfecta! Y dentro de ti tienes a alguien que cree en ti; es esa niña que te abraza en este momento y te dice fuerte: "¡No me olvides, soy parte de ti!". Deja que viva dentro de ti y permite que sea ella quien te recuerde todos los días que eres ese ser realizado, con éxito y plenitud en su vida. Esa persona que soñabas ser.

Enfócate en tu misión de vida, en esa vida que siempre has querido tener. Así sea que tengas que empezar todo de cero, valdrá la pena. Solo con contarte la historia que decidas a diario, estarás viviendo la realidad tal cual es, **sin visores** y sin engaños. ¡Tú puedes! Si seguiste esta visualización al pie de la letra, ¡felicidades!, acabas de dar un paso importantísimo en el viaje de tu historia. **Se acabó** la historia de ahogarse en un mar que no es real. ¿Ves? ¡Te dije que era cuestión de minutos! Esa actitud es la que va a acompañarte todos los días a partir de hoy; por eso, con este ejercicio anterior, necesito que recuerdes tu más pura esencia.

TOMANDO EL CONTROL

Ahora que has apagado ese piloto automático, es hora de hacer un par de ejercicios más y establecer rutinas sanas que te llenen de energía todos los días. Lo primero que te sugiero es hacer una carta a tu yo del futuro. Esta historia te va a permitir soñar sin límites, programará tu mente para la actitud que desees tener todos los días y, lo más importante, te dará las bases para más adelante diseñar decretos infalibles ¡que funcionan! Así que, ¿qué historia te quieres contar todos los días, ¿qué actitud quieres tener?

Tal vez vas a decirte lo orgullosa que estás de ti por haber terminado ese proyecto que tanto anhelabas y que ha sido todo un éxito, o posiblemente te dirás que estás viviendo feliz en pareja con alguien maravilloso que es justamente ¡todo lo que habías soñado! Tal vez te quieras contar la maravillosa experiencia que fue hacer ese viaje que siempre habías planeado. Tu imaginación es el límite, déjala volar.

Te sugiero también, que en esta carta abarques todos los temas relacionados con las preguntas que respondiste cuando estabas haciendo la radiografía de tu presente, ya que ahora vas a plasmar en papel exactamente cómo quieres que se vea esa radiografía en el futuro. Cuéntate cómo está tu situación financiera, tu salud, tu vida profesional, tus proyectos, tu vida en pareja, platícate de qué estás agradecida, ¡todo!

De tus hojas de actividades de *La historia que te cuentas,* toma la hoja y escribe tu carta a tu "yo del futuro".

Como ejemplo, voy a compartirte la carta que me hice hace un año. Cada vez que la leía a lo largo este año, me recordaba mis metas y me recargaba de energía.

2019

Para: Paola Herrera

"¡Hola Paola! ¿Cómo estás? ¡Espero que muy, muy, muy, muy bien! (Sí, yo también me saludo así, como en mis videos). ¿¡Cómo que espero que estés bien!? ¡Estoy segura de que lo estás!

Quiero mandarte desde el pasado un muy fuerte abrazo, quiero decirte que te amo, que te respeto y que estoy sumamente orgullosa de ti y de lo que has logrado en este último año. ¡Qué bárbara! Recuerdo que hace un año (el presente para mí) soñabas con tantos proyectos y retos que te parecían difíciles, pero nunca imposibles de alcanzar. Creías en ti, y estabas dispuesta a hacer un compromiso contigo misma, honrarlo y seguir un plan. Y, ¡mira nada más! Al día de hoy, esos proyectos pasaron de ser una idea a ser una realidad. También visualizabas todos los días hacer un viaje a París con el Sr. Herrera. ¡Y estuvieron por allá! Fue un viaje hermoso en el cual su relación se hizo aún más fuerte. Confiaste en el proceso y todo se dio de la manera más natural, ¡qué emoción! Ya estarás planeando el siguiente viaje, ¿verdad? Sigue así, cree en ti porque puedes lograr cualquier cosa que te propongas siempre y cuando te enfoques y trabajes duro por ello. La prueba está en tu realidad al día de hoy.

En cuanto a tu salud, sé que cada día te sientes con más energía y con muchas ganas de comerte al mundo por lo bien que te sientes. Estoy muy orgullosa de ti por hacer el tiempo y dedicarte una hora diaria de ejercicio, te felicito por cuidar tu alimentación y tus horas de sueño, ¡eso es todo! El esfuerzo que has hecho ha dado sus frutos y te sientes y te ves mejor que nunca, honras a tu cuerpo y se nota.

Así como has tenido constancia en cuestión de salud, también lo has hecho en los negocios. Cada día vives los resultados de tu trabajo y lo mejor es que compartes tu experiencia y conocimientos con las personas para inspirarlos. Yo sé que ha habido ocasiones en las que las ganas de descansar o de procrastinar quieren ganarte, pero no te has dejado vencer, ¡uno, dos, tres, y a hacer las cosas se ha dicho! Sé que lo estás haciendo así, sé que estás honrando tu compromiso contigo misma, con tu familia y con la gente que te sigue. Al día de hoy, un año después de que te escribo esta carta, te sientes plena y feliz con tu vida y tus logros.

¿Y qué me dices de la gente que te rodea? Poco a poco han llegado a tu vida las personas adecuadas porque ¡has sabido elegir! Porque has decidido contarte la historia que te mereces, una historia de abundancia, la cual se ha manifestado en este último año.

Tu relación con tus hijas es maravillosa, saben que trabajas mucho por ellas pero se dan el tiempo de pasar juntas momentos de calidad. Cada día se ponen más bonitas y cada día su unión entre madre e hijas se hace más sólida. Ellas son tu mayor tesoro.

Por último… ¿ese libro que hoy tienes en mente ya ha salido a la venta? ¡Cuéntamelo todo!

Desde el pasado te honro, te abrazo y te mando toda la luz que mereces. No puedo esperar a que pase el tiempo y saques esta carta del cajón, que será su hogar por 365, días y la leas cada vez que sea necesario. Sé que dentro de un año la estarás leyendo con una sonrisa en el rostro y con muchas más historias que contarme.

¡Ahora te toca escribir una nueva carta!

Con amor, Paola."

Hoy que leo esta carta se me llenan los ojos de lágrimas y el pecho de orgullo. Tengo tanto que contarle a esa Paola de hace un año, y lo mejor es que tengo muchas más cosas que decirle a la Paola del futuro. Muchas más cosas de las que dice esa carta se han cumplido, y otras más están por hacerlo.

En ese viaje a París, el Sr. Herrera me dio mi anillo de compromiso. Efectivamente, ¡fue un viaje mágico! Para los que me siguen, seguramente ya han visto ese video en el cual hasta se me corta la voz de la emoción. ¡Un mes después de ese viaje, volamos a Italia! Otro viaje de negocios maravilloso en el cual nos sentimos como adolescentes enamorados. Mi salud, mis negocios, la relación con mi familia, todo lo que escribí se cumplió con aún mejores resultados de los que plasmé. Por un año entero me conté la historia que quería vivir, y la vida me retribuyó con creces.

Para el momento en el que escribo este libro, sé que aún no les he contado acerca de "mi otra hija" que no nació en mi vientre, pero sí lo hizo en mi corazón. Sin embargo, estoy segura de que para el momento en que este escrito vea la luz, ya se las habré presentado en mi canal y les habré contado un poco acerca de su historia. De momento solo les diré que, entre los cuatro, formamos, en mi mundo, una familia perfecta.

Este tipo de creación de mi historia, ha sido para mí una manera excelente de plasmar en papel cómo quiero que sea mi vida dentro de un año. El simple hecho de escribirla me da ilusión, me da "miedo" pero del bueno (de aquel miedo bueno del cual hablamos en el primer capítulo). Sé que si plasmo en esa carta ese proyecto que se ve grande (como el proyecto que es este libro), querré verlo hecho realidad pasado un año. Y, por lo mismo, lucharé con todas mis fuerzas para verlo materializado. Con esta carta visualizo, pero sobre todo, siento que ya es una realidad. Lo vivo desde antes de que suceda. Hoy vas a decidir quién quieres ser dentro de un año. Más adelante, complementarás esta carta con un tablero de visión. Así que dime: ¿qué historia te vas a contar? ¡Empieza a escribir!

TUS HISTORIAS
Y LA DIRECCIÓN CORRECTA

"Piensa como una reina. Una reina no tiene miedo a fallar. El fracaso es otro paso hacia la grandeza"

- OPRAH WINFREY

Ahora que ya conoces ese piloto automático que muchas veces está mal programado en una o varias áreas de tu vida, es momento de analizar cada uno de esos pilotos. También, vamos a analizar en profundidad todas las respuestas a las preguntas del capítulo anterior. Como ves, he diseñado este libro para ir paso a paso contigo rediseñando tu vida. Así que, de nuevo, si no has contestado aún esas preguntas, ¡te aconsejo que lo hagas! Te vas a sorprender de lo que puedes descubrir de ti misma con tan solo responderlas.

Quiero que sepas que el estilo de vida que vivo hoy, es también un piloto automático. ¡Claro que lo es! La clave está en que es un piloto automático **bien** programado. ¡Y tengo que hacerlo así! Estoy demasiado ocupada como para estar al pendiente de mis pensamientos todo el tiempo, no puedo estar cada diez minutos analizando cada cosa que pasa por mi mente. Créeme, pasan diez mil cosas en mi día a día, y asumo que la vida de la mayoría de ustedes es muy parecida, ocupada y llena de actividades, ¿no es así? Bueno, esa es la razón por la que decidí "entrenarme" para ir en ese piloto automático bien programado y en la dirección correcta, para así contarme una historia de éxito en cada área de mi vida de manera "automática". En las próximas páginas te compartiré mis técnicas para configurar la dirección de ese piloto automático con destino a la abundancia en cada aspecto de tu vida.

Ten a la mano tu hoja de respuestas del capítulo anterior, te servirán para identificar esos patrones erróneos.

TUS CAPACIDADES

Para mí, el dudar de tus capacidades afecta fuertemente en la manera en la que te sientes con respecto a ti misma, y cuando dudas de tus capacidades vas a procrastinar, y mucho. Por favor, ten a la mano tus respuestas a las preguntas: "¿Termino mis proyectos?" y "En general, ¿soy feliz?" ¿Lista? Muy bien, continúa leyendo.

En mi video de *Cómo programar tu mente para el éxito* hablaba acerca de cómo dejar de regar una semillita; la de los pensamientos negativos, para que comenzara a morir toda esa "mala hierba" en tu mente y comenzaras a sembrar el gran roble que haría nacer el árbol de tus pensamientos positivos.

Es muy común encontrarme con mensajes de ustedes en mis redes sociales en los cuales dudan de sus capacidades. En general, todos me cuentan que no se creen capaces de lograr tal o cual cosa en sus vidas; no se creen lo suficientemente capaces de hacer crecer su negocio o, peor aún, ¡no creen que son capaces siquiera de iniciar ese negocio! Tienen muchas dudas de si podrán lograr el éxito en su relación de pareja, incluso me dicen y afirman tajantemente que no sirven para bajar de peso porque están convencidos de que no tienen esa fuerza de voluntad en su interior.

Todas esas son historias que te estás contando a ti misma, y son una manera de sabotear tu éxito. Y no se vale. No viniste a esta vida a ser miserable. Tu vida es para sacar lo mejor de ella y disfrutar el viaje. Te aseguro que, en una o varias áreas de tu vida, te has saboteado y has caído en un círculo vicioso que solo te ha hecho sufrir y despreciarte. Todo por no abrirte a la posibilidad *de contarte una nueva historia* y de mostrarte que, de hecho, eres capaz de vivirla.

Ahora que ya tenemos claro que muchas de estas historias mal contadas son consecuencia de nuestros miedos, y que muchas veces son la continuación de la historia que alguien más nos contó, podemos seguir adelante para contarnos una historia diferente en relación a nuestras capacidades.

¡El mejor ejemplo soy yo! ¿Tú crees que no dudé muchas veces de si sería o no capaz de escribir un libro de superación personal? ¡Claro que sí, muchísimas! Pero si hoy tienes este libro en tus manos, quiere decir que decidí todos los días contarme la historia de que terminaría este libro; y aún más, de que sería todo un éxito. Por semanas me he quedado atascada en algún párrafo. Soy tan perfeccionista que lo vuelvo a leer y lo vuelvo a escribir. ¡Ojo! Sé que no soy Shakespeare o la escritora que el mundo esperaba, pero esta es mi manera de dar respuesta a tantos y tantos mensajes de ustedes. He hecho un compromiso conmigo misma de terminarlo y hacerlo lo mejor que pueda. *Me cuento a diario la historia de que puedo hacerlo,* me la creo y lo hago.

Y no solo ha sido en relación a este libro, en cualquier tema que se les ocurra, han llegado a asaltarme pensamientos nocivos que me hacen dudar de la capacidad que tengo de lograr tal o cual cosa, proyectos tanto personales como profesionales, ¡Claro que me pasa! Soy un ser humano común y corriente con miles de defectos. A veces mi cerebro me traiciona, y por algún miedo o inseguridad, prefiero contarme la historia de que es mejor desistir. Esa historia me dice que, en el fondo es mejor quedarme en esa zona cómoda. Y yo simplemente no lo dejo. No señor, la que manda aquí es mi felicidad. No esa mente que a veces pierde el rumbo y retoma viejos hábitos. Es mi deber consciente detectar cuando eso sucede y volver a tomar el camino correcto.

En algún video puse un ejemplo que a muchos de ustedes les hizo mucha gracia, pero es una gran verdad. Tengo en casa un par de raquetas eléctricas que sirven para ahuyentar, bueno, no es así... son realmente para ¡electrocutar a los mosquitos! Ya sabes cuáles, ¿verdad? Pues muy bien, en mi mente yo tengo una raqueta mental lista para oprimir ese botón cada vez que un pensamiento negativo llega a mí, especialmente cuando es un pensamiento que ataca mis capacidades y me hace dudar de mi poder creativo. La uso con todas mis fuerzas cuando nace en mí alguna idea que me dice que no soy capaz de lograr algo. No puedo terminar de contar cuántas veces la he usado ahora que estoy escribiendo este libro, y funciona cada vez.

¿Cómo lo hago? Muy sencillo, en cuanto empieza a rondar en mi mente un pensamiento como el siguiente: "No puedo terminar este capítulo, no soy una buena escritora, ¡esto es una real porquería!". En ese momento, en voz alta digo: "¡Cancelado!" o, si estoy en público, simplemente lo digo en mi mente o muy bajito. Claro, pero, ¡eso sí!, sintiendo mucha fuerza interna. Simplemente visualizo cómo ese pensamiento en forma de palabras se quema y cae hecho cenizas al suelo. Recuerdo que la razón principal de escribir este libro es comunicarme con ustedes, que lo que quiero es responder a los cientos y cientos de mensajes que recibo constantemente y que simplemente soy yo platicando con ustedes, como en un video, pero ahora de forma escrita, compartiéndoles las herramientas que me han llevado a donde estoy hoy. Y por último, recuerdo los hermosísimos mensajes de agradecimiento que recibo de parte de ustedes. Todos ellos me impulsan y me reafirman que puedo lograrlo.

Contigo es exactamente lo mismo. Vamos a programar tu mente de manera que esa raqueta, que electrocutará a los pensamientos negativos, funcione de manera automática cada vez que quieras sabotearte, cada vez que te cuentes una historia equivocada acerca de lo que eres capaz de lograr. Vamos a entrenar a tu mente de tal forma que, cuando llegue un pensamiento destructivo, en lugar de alimentarlo, simplemente lo electrocutes, se queme y caiga hecho trizas al suelo para no volver jamás. ¡Ponle incluso un poco de humor! Truena los dedos alrededor de ti, como si estuvieras haciendo un escudo y di: "¡Me protejo, me protejo, me protejo!". Sé que suena extraño, pero incluso el hacer ese tipo de ademanes y afirmaciones, al menos a mí, me cambia el ánimo y la perspectiva por completo. Incluso me empodera.

Ahora vas a hacer una lista que enumere las ideas erróneas que tienes acerca de tus capacidades, **todas** aquellas de las que dudes. Quiero que te quede claro que eres un ser con creatividad infinita (así lo dudes al momento de leer estas líneas). **Lo eres.** Y aunque tal vez en este momento no tengas desarrolladas las habilidades para lograr tus metas, sí o sí tienes la **capacidad** de hacerlo. ¡Te dije al inicio que este libro es para hacerte trabajar en serio! Te darás cuenta de que tus capacidades siempre han estado ahí, solo que has decidido contarte una historia equivocada porque fallaste una, dos, tres, o veinte veces. Eso no quiere decir que no tengas la capacidad de lograrlo, solo quiere decir que no lo has intentado de todas las formas posibles, hasta perfeccionarte, hasta superarte a ti misma y demostrarte que, efectivamente, puedes. Que esas capacidades son parte de ti, solo tenías que trabajar más en ellas y para ello debías *comenzar a contarte una historia diferente* que te diera ese empuje que te hacía falta. O tal vez no te has encontrado en la necesidad sí o sí de hacer las cosas mil veces hasta que te salgan.

Por ejemplo, los idiomas: mi mamá siempre pensó que estaba absolutamente negada para el inglés, por años y años se dedicó a decirme: "Hija, a mí simplemente el inglés no se me da. Lo siento, no es para mí". Y efectivamente, vivió en su zona de confort por muchos años en los viajes que hacíamos cada verano, porque yo era su "traductora oficial" mientras ella se limitaba a decir "yes", "thank you" y "no english".

Comprenderán que siendo yo la terca que soy, y queriendo tanto a mi madre, comencé a "entrenar" su mente para que se diera cuenta de que tenía exactamente la misma capacidad que yo para hablar inglés, ¡a fin de cuentas, es mi madre! Así que le dije que su traductora oficial inglés-español se le había acabado; no porque traducirle me representara una molestia, sino porque quería demostrarle que ella podía aprenderlo solo si enfocaba su energía de manera diferente.

No le enseñé inglés porque, en primer lugar, no tengo tiempo y, en segundo, no soy profesora de inglés. Pero constantemente empecé a platicar con ella y a programar su mente para que **se la creyera**, para que comenzara a desechar la idea de que su cerebro no comprendía el inglés, y que empezara a la de ya, a confiar ciegamente en la gran capacidad que tiene de hablar fluidamente no solo inglés, sino cualquier idioma que le plazca. Lo que hice fue motivarla para que al menos por necesidad, quisiera y **decidiera** entender un poco mejor el idioma.

Debo decir que al inicio la cancelación de mis servicios gratuitos como su traductora no le hizo ni un poco de gracia a mi santa madre. De hecho, hasta recurrió un poco al chantaje emocional: "Ay, yo que te pagué esa educación bilingüe y tú que no te dignas a ayudarme en eso. ¡Ya estoy grande, Paola, y no puedo aprender!". ¡Y que se enoja! Ay, mi madre tan hermosa, *tratando de contarme una historia de culpabilidad*, la cual ni por error pensaba creerle, porque sabía que esa historia surgía del miedo y de la profunda incomodidad que le provocaba el siquiera pensar en tener que hacer un esfuerzo para poder darse a entender la próxima vez que viajara. Este es un ejemplo sumamente oportuno para mostrarles cómo usé mi raqueta mental. ¡Listo! "Me protejo, me protejo, me protejo", y no dejaré que mi madre me cuente una historia de que soy una malagradecida solo porque quiero que se demuestre a sí misma que ella puede. No señor, estoy haciendo una buena obra y no voy a dejar que nada me aleje de mi meta.

Así que si alguien se acerca a ti, y sabes que su intención es ayudarte a contarte una historia que solo va a traerte cosas buenas, queda **prohibido** hacerle un chantaje emocional y tratar de hacerte la víctima. Aquí *es cuando debes poner atención a tus pilotos automáticos,* tomar el toro por los cuernos e intentarlo con todas tus fuerzas hasta que te salga. Terminarás sumamente agradecida con ese alguien, ¡y ese alguien puedes ser incluso tú misma!

Después de unos días, poco a poco, y aún con décadas de una historia mal contada referente a su capacidad de aprender un idioma, mi madre comenzó a quitarle los subtítulos a las películas en inglés y, en su lugar, decidió poner en práctica su oído para ver de principio a fin una película totalmente en inglés, pero no me dijo nada. Después viajamos a Orlando y aunque había mucha gente que hablaba español, me encargué de "obligarla" a pedir cosas sencillas en el hotel, a cruzar un par de palabras con el Uber y a comunicarse como pudiera en el aeropuerto. ¡Me sorprendió la fluidez con la que lo hacía! En solo unos meses vi un gran avance en su pronunciación y en la forma en la que armaba oraciones enteras. Honestamente, a la fecha no sé si la razón de este cambio fue por orgullo, por la necesidad de comunicarse, por demostrarme que no me necesitaba, o tal vez porque efectivamente quiso probarse a sí misma que podía. Lo único que sé es que yo tenía razón y se lo demostré. **Su capacidad siempre estuvo ahí,** solo tenía que creérsela y contarse una historia en la cual sí tenía facilidad para el inglés.

Lo que más me emociona de toda esta historia es que, después de volver del viaje, cada vez que mi mamá terminaba de ver una serie o una película totalmente en inglés, lo primero que hacía era enviarme un texto muy emocionada diciéndome: "¡Le entendí al 70% de la película!". Incluso a veces me mandaba algún pequeño texto o la fotografía de algún párrafo en inglés solo para cerciorarse de que había comprendido la idea o para preguntarme el significado de una palabra en específico. Puedo decir que al día de hoy mi madre no es una experta bilingüe, pero que definitivamente es muchísimo más fluida y comprende mucho mejor una conversación en inglés que apenas hace apenas solo dos años. Todo por el simple hecho de *empezar a contarse una historia diferente* acerca de sus capacidades.

Esa capacidad estuvo ahí toda su vida, repito: TODA su vida, lo único diferente que ella tenía que hacer era *contarse la historia correcta* y comprender que, con el simple hecho de confiar en sus capacidades, sería capaz de lograr cualquier cosa que se propusiera. Estuvo procrastinando por años el desarrollar esta nueva habilidad solo porque no creía en ella. En cuanto empezó a hacerlo, tomó acción y todo cambió.

"Confía en ti mismo. Sabes más de lo que crees que sabes".
- BENJAMIN SPOCK

Este ejemplo aplica perfectamente en ti, así pienses que tus capacidades no son las adecuadas, ¡lo son! Así pienses que estás negada para tal o cual cosa en la vida, no es cierto. Hay habilidades que tardan más en desarrollarse en cada ser humano, ¡pero ahí están! Esperando por ti. Solo tienes que creer y *contarte la historia de que eres un ser infinitamente inteligente*, infinitamente creativo y, sobre todo, infinitamente capaz de desarrollar esas habilidades de las cuales crees en este momento que careces.

Ahora, toma la hoja con tus respuestas a las preguntas: *"¿Termino mis proyectos?"*, y *"En general, ¿soy feliz?"* y escribe una historia de éxito opuesta a lo que cree tu mente en este momento. Redacta afirmaciones totalmente opuestas a tus respuestas, por ejemplo:

- *"Soy capaz de terminar mis proyectos"*.

- *"Tengo la capacidad de lograr cualquier meta que me proponga"*.

- *"A partir de hoy, voy a contarme una historia de felicidad que me llene el alma, porque me la merezco"*.

- *"Merezco vivir una historia de plenitud que llene mi vida, que me demuestre que puedo estar orgullosa de mí, y que me demuestre todo lo que soy capaz de lograr"*.

- *"Independientemente de las circunstancias, puedo lograrlo"*.

~ *"No importa el tiempo que me tome, soy capaz y me lo voy a demostrar".*

Estos son solo unos cuantos ejemplos. La verdadera magia en tu historia es que de tu puño y letra, logres crear afirmaciones que escriban el guion de tu vida. Ejemplos hay muchísimos, y cada quien tiene una historia diferente, así que ¡empieza a escribir esas grandes verdades acerca de tus capacidades, ahora mismo! No pierdas de vista estas nuevas afirmaciones, porque después se convertirán en decretos.

Una vez terminada tu lista, cada vez que nazca en tu mente un pensamiento en el cual dudes de ti, vas activar tu "súper raqueta electrocutadora mental" y, de tu puño y letra, y en voz alta si es posible, leerás esas nuevas historias que acabas de escribir, vas a cerrar los ojos **y te las vas a creer.**

¡Ojo! Tú sabes que me gusta ser muy realista. Te aseguro que las primeras veces no vas a creer estas historias; eso es de lo más normal, llevas años contándote las historias opuestas. Pero recuerda que lo que estamos haciendo es sembrar ese gran roble de tus pensamientos, y que esas ideas negativas solo sean maleza vieja. Cada vez que te cuentes tu nueva historia de éxito, cada vez que leas tus propias palabras, recuerda que estás sembrando y regando este gran roble, el cual después nada ni nadie podrán derrumbar, ni siquiera tú misma.

Te garantizo que, si te programas para este piloto automático consciente, con el paso del tiempo pensar positivamente se convertirá en tu estilo de vida, así como el creer en ti y en las capacidades con las que naciste. Después de cumplir una meta, te emocionarás y querrás ir por la que sigue, y después por más y más. Así es el camino al éxito. Y repito, incluso logrando algún objetivo, eventualmente dudarás de ti para lograr cumplir el próximo, pero ese piloto automático y ese gran roble ya estará creciendo, ya habrá echado las raíces que te recordarán lo que eres capaz de lograr. Y estará ahí esa raqueta mental que no vas a soltar nunca, esa será la encargada de eliminar cualquier pensamiento destructivo que llegue a ti. Todas estas, y especialmente tus propias palabras escritas, serán las mejores herramientas que tengas para contarte todos y cada uno de tus días una historia de abundancia y de éxito en relación a tus capacidades. Por ende, la felicidad comenzará a nacer dentro de ti y dejarás de procrastinar. Te lo aseguro.

"Piensa como una reina. Una reina no tiene miedo de fallar. El fracaso es otro paso hacia la grandeza"

-OPRAH WINFREY

TU CUERPO

Una de las herramientas más poderosas con las que cuentas para poder lograr tus objetivos es tu cuerpo. Y estoy segura de que por años te has contado muchas historias equivocadas sobre este gran templo que (noticia de última hora) será el único cuerpo que te acompañe hasta que te mueras. Parece lógico, pero en ocasiones se nos olvida y lo descuidamos de maneras terribles.

Lamentablemente, en la actualidad, las redes sociales nos bombardean constantemente con la idea de lo que se supone que es un cuerpo perfecto, y también las mismas redes sociales nos cuentan la historia de que si tu cuerpo no cumple con esas características de perfección, entonces algo está mal contigo. También está el otro extremo, que es el del descuido total de tu cuerpo y tu salud porque "no me pasa nada" o porque "de algo me tengo que morir". Eso hermosa, tampoco es sano. Por alguna razón, te estás contando una historia que afecta directamente al único cuerpo que vas a tener durante tu vida, y eso tiene que cambiar.

Sea o no por culpa de las redes sociales, si te pasas el día comparando tu cuerpo con el de otras personas "perfectas", te tengo dos noticias: 1) eso no va a hacer que tu cuerpo cambie, compararte con una súper modelo no quema calorías ni reduce tu cintura, y la más importante, 2) vas a terminar odiándote. En pocas palabras, terminarás contándote una historia muy cruel acerca de este instrumento maravilloso con el que cuentas para vivir.

Es imposible negar, que como *influencer*, no he sentido cierta presión por presentar un cuerpo "aceptable". Muchas saben que este año padecí una colitis crónica terrible, y constantemente tenía que usar ropa suelta para no dar una imagen de una mujer de cuatro meses de embarazo. Obviamente, este padecimiento me hacía sentir sumamente incómoda con mi cuerpo. Sin embargo, viví el proceso de una manera consciente y **amando** mi cuerpo incondicionalmente. Comprendí que estaba enferma y por lo mismo, busqué frenéticamente la solución a mi problema. Esta actitud hacia mi cuerpo no es solo porque sí, **es la consecuencia** de haberme contado historias sumamente equivocadas acerca de mi apariencia en el pasado. Y de haber decidido cuidarlo conscientemente sin rechazarlo. Esta relación de amor que vivo al día de hoy con mi cuerpo es el resultado de muchos altibajos que he experimentado a lo largo de los años.

En los momentos más oscuros de mi vida, en los momentos más inmaduros, y en los momentos en los que me estaba contando historias erróneas, llegué a odiar mi cuerpo. Lo odié con tanta fuerza que prácticamente lo único en lo que me concentraba era en cómo me veía con tal o cual ropa, cómo me lucían esos jeans o cómo me sentía junto a mis amigas perfectamente aceptadas por la sociedad, etc. Créanme, sé lo que se siente verte al espejo y aborrecerte, sé lo que es sentirte atrapada en un cuerpo que no tiene nada que ver con la persona que eres por dentro. Pero, también sé, que la **única** manera de cambiar esa situación *es contándome una historia de amor propio.*

Como ya he comentado en otras páginas de este libro, muchas veces la idea que tenemos sobre algún aspecto de nosotros, es porque alguien más nos contó una historia errónea. Por ejemplo, una tía mía. Yo la apreciaba muchísimo y siempre buscaba el modo de agradarle; sin embargo y lamentablemente, ella siempre criticaba mi cuerpo. Cuando estaba muy delgada, "mira nada más, qué flaca estás, pareces enferma, te ves muy mal, nada de lo que te pongas se te ve bien", etc. Y cuando por fin llegó la adolescencia y me empezaron a brotar curvas por todos lados de mi cuerpo, incluido mi vientre, realmente pensé que por fin recibiría un cumplido de su parte acerca de mi apariencia (si ya viste mi video de las personas tóxicas, sabrás que nunca fue así). Por muchos años, esta mujer se había dedicado a contarse a ella misma una historia de amargura y por lo mismo *no podía contarme a mí una historia amable*. ¡Claro que no!

Así que, en gran parte, gracias a sus comentarios y a las revistas que yo leía en aquel entonces (las redes sociales antiguas), en las cuales veía a las modelos de los noventa (que eran muy delgadas), empecé a sentirme sumamente incómoda e insegura con mi cuerpo, y comencé a odiarlo. Afortunadamente, poco a poco mi cuerpo siguió cambiando, hacía ejercicio regularmente y comía sano, así que dejé en el olvido por unos años esas ideas destructivas.

Pero esto no duró para siempre, claro que no. Me pasó lo mismo cuando volví a México de Londres. En pocas palabras, no podía verme al espejo sin odiarme. Había subido 17 kilos y simplemente no me toleraba. Me odiaba. Recuerdo que me pellizcaba la panza y me decía: "Eres una cerda". ¿Te fijas? **Yo misma** alimentaba esa historia cruel que solo me hacía daño.

Cuando regresé a México, e intenté ponerme uno de mis jeans favoritos y me di cuenta de que no me subían más allá de la rodilla, más que ponerme triste, realmente me sentí molesta conmigo misma por haber descuidado tanto mi cuerpo a lo largo de un año entero. Decidí hacerme responsable de mis propios actos y *me conté la historia de que no era culpa de nadie más que mía el haberme descuidado así*. Nadie me puso una pistola en la cabeza para comerme dos sándwiches de Subway a las tres de la mañana (sí, ¡dos!). Yo tomé esas decisiones, nadie más que yo. Mi salud y mi cuerpo eran mi responsabilidad y simplemente las había dejado del lado. Comprendí que no era mi cuerpo lo que estaba mal conmigo, sino la **actitud** que tuve hacia él, una de total descuido, incluso una actitud nociva sin entenderlo a nivel consciente.

Así que me propuse y me comprometí conmigo misma no solo a bajar esos kilos extras, sino a honrar y a respetar el único cuerpo que voy a tener por el resto de mis días. Simple y sencillamente porque **me merecía** tener salud, y estar a gusto en este pequeño envase que contiene mi alma. También me di cuenta de que la razón principal por la cual me descuidé, fue el resultado de la tremenda depresión que sufrí durante los primeros meses de mi nueva vida en Londres. Un poco de manera inconsciente *me conté la historia de que no merecía cuidarme, me conté la historia de que tal vez no merecía ser feliz,* me conté la historia por muchos meses, de que cada día estaba más y más triste y enojada con la situación que me llevó a Londres, que fue cancelar mi boda y dejar al que en ese momento consideraba el gran amor de mi vida.

Te cuento todo esto porque, como ya lo dije antes, sé lo que se siente aborrecer tu cuerpo. Estoy a punto de hacer una confesión que jamás he hecho en el canal: y es que, después de bajar esos 17 kilos, me obsesioné tanto con la perfección y con cada día estar un poco más delgada, un poco más flaca, un poco más "perfecta" según mi cerebro, que puedo llegar a decir que caí un poco en la anorexia nerviosa. Sí, fui anoréxica. Ya está, lo dije.

Y no me da vergüenza admitirlo. Lo hago porque sé que alguna de ustedes podrá estar pasando por una situación similar en este momento y deseo que mi experiencia pueda ayudar.

Esa fue una de las experiencias más dolorosas de mi vida, y fue una consecuencia de mi depresión, de perder el control de mí misma. De alguna manera, yo seguía enojada con la vida, con mi ex pareja, y, sobretodo **conmigo misma** por no haberlo dejado antes, por haberle permitido tantos abusos y, después, por no haberme quedado más tiempo en Londres. Y claro está que la manera en la que me atacaba, en la que me saboteaba, era seguir bajando de peso, sabiendo no solo a nivel inconsciente, sino consciente, que no era lo más sano para mí. Realmente no lo sabía, pero me estaba haciendo daño con el propósito de desaparecer.

Contaba calorías como loca, llegando a consumir solo 300 al día. Me llenaba de agua, café y té, y realmente no sentía hambre. En mi caso, la ansiedad muchas veces se me presentaba en forma de asco y náuseas y simplemente la comida me sabía a cartón. Así pasé tres meses hasta que perdí mi periodo. Ese fue el momento de quiebre para mí, supe que tenía que parar. Mi cuerpo me mandó esa señal inequívoca de que estaba enfermo por mi culpa, de que esa "solución" que quise darle a mis problemas resultó ser un problema mayor, uno muy grave. Realmente estaba aterrada. En ese momento, y después de un tremendo susto, tuve una especie de revelación en cuanto a mi cuerpo, a la idea que tenía de él y al compromiso que haría conmigo misma para cuidarlo. Debía tomar una decisión entre dos caminos: continuar autodestruyéndome o sanarme y liberarme de mi propia historia mal contada.

"Sin salud la vida no es vida; es solo un estado de languidez y sufrimiento, una imagen de la muerte"

-BUDA

El perder mi periodo fue un gran parteaguas en mi vida, me abrió los ojos y me puso los pies en el suelo. Desde ese día en adelante, recordé que yo valía por mí y por lo que era capaz de lograr, y que para lograrlo **me merecía** estar sana. Así que empecé a comer sano y comencé a sentirme hermosa cada vez que me veía al espejo, sin importar mi talla. Entendí que era más importante contar con un "envase" sano, que con uno aparentemente perfecto pero enfermo por dentro y, finalmente empecé a encontrar el equilibrio. Al poco tiempo, mi periodo volvió a la normalidad, y con ello mi tranquilidad y un sentimiento de empoderamiento que me reafirmaba que ahora sí estaba haciendo bien las cosas.

Ahora, sea cual sea el estado de salud en el que se encuentra tu cuerpo al día de hoy, recuerda que ya hiciste un análisis de cómo estás físicamente cuando respondiste a la pregunta: *"¿Respeto y cuido mi cuerpo?"*. Entonces, es hora de que detectes las señales que te envía tu cuerpo y descubras qué historias conscientes e inconscientes te has estado contado para que tu cuerpo (probablemente) no esté en un estado óptimo de salud. Recuerda que el asunto no solo es el descuidarse, sino también el "cuidarse de más". Yo llegué a hacerlo y eso derivó en anorexia.

Obviamente, desconozco tus respuestas, pero tal vez tienes un "pequeño vicio" como el cigarro (que en realidad no tiene nada de pequeño). Tal vez por años y años te has contado alguna historia parecida a: "De algo me tengo que morir", "es mi vicio y algún día lo dejaré". Tú sabes que ese "algún día" **NO** va a llegar hasta que lo decidas, así como también sabes que te estás haciendo daño, mucho daño. ¿Por qué? Porque no has decidido realmente honrar y cuidar de tu cuerpo. ¿Realmente piensas que ese pequeño taquito de cáncer te ayuda en tu día a día más que una meditación, más que comer sano, más que salir a correr? (Que probablemente ya no lo hagas muy bien después de tanto humo). No, no te ayuda, solo te perjudica.

Pensemos en otro ejemplo, la comida. Muchas veces, por ansiedad, cuando se manifiestan las historias mal contadas, intentamos taparlas o aliviarlas con comida. El problema es cuando las cantidades son excesivas. Lamentablemente en México, y otros países tenemos un índice de obesidad enorme. Nos estamos contando una historia muy equivocada. Claro que nuestra comida es deliciosa, pero eso no quiere decir que tengamos que comer en cantidades industriales, al grado de afectar negativamente nuestro cuerpo. La comida es sólo eso: alimento, combustible para tu cuerpo. ¿Por qué vas a dejar que se convierta en algo que, en lugar de hacerle bien, lo dañe?

La consecuencia está en lo que pasa cuando te ves al espejo: tal vez te ves ojerosa y acabada por ese cigarro, tal vez son esos rollitos los que cada día crecen más y te hacen sentir incómoda con tu apariencia. Como consecuencia, ese malestar general que te provoca un estilo de vida poco saludable es el veneno que solo hará que continúes contándote una historia totalmente errónea acerca de tu cuerpo. "Me veo mal", "Soy desagradable", "Me veo ojerosa", etc.

O vámonos al otro extremo como fue mi caso, tal vez te has obsesionado tanto con la nueva dieta de moda, ya sea keto, o vegana, el gimnasio, los suplementos, etc., que por más ejercicio que haces y que la gente te dice que ya estás que te caes de buena, lo que ves en el espejo sigue sin ser suficiente para ti. Siempre quieres más porque aún no estás a gusto con tu cuerpo, y cada que te ves al espejo buscas "algo" que mejorar. No es el peor de los casos, porque eso quiere decir que te cuidas; pero, si estás obsesionada, definitivamente, sigue siendo una señal a la cual hay que prestarle atención y profundizar en el por qué.

Cualquier historia previa que te hayas contado acerca de tu cuerpo que te haya hecho sentir mal o incómoda debe de cambiar. Analiza el por qué, ve al espejo, mírate a los ojos, observa esa pancita, ese acné, cualquier defecto que te encuentres y cuéntate:

"Soy un ser perfecto, merecedor de un cuerpo sano. Amo, honro y respeto el único cuerpo que me acompañará en esta vida".

Si hay algún hábito que sabes que debes cambiar, no esperes más y decídelo hoy.

De la misma manera que hiciste en el apartado de tus capacidades, lee las respuestas que le diste a la pregunta "¿Respeto y cuido mi cuerpo?". Ahora, cuéntate la historia que quieres para tu cuerpo y tu salud. Por ejemplo:

∾ *"Amo y acepto mi cuerpo tal cual es al día de hoy".*

∾ *"Hoy, hago un pacto con mi cuerpo para honrarlo y cuidarlo toda mi vida".*

∾ *"Tomo las mejores decisiones para mi cuerpo, llevándolo a un estado de salud óptimo".*

∾ *"Asumo la responsabilidad por mi cuerpo y adopto un estilo de vida saludable".*

Así como en el apartado de tus capacidades, te dije que reprogramar tu mente tomaría tiempo, y es lo mismo con tu cuerpo. Solo fluye con tus nuevas afirmaciones y decide cuidar tu salud. Nunca olvides que es uno de tus más grandes tesoros.

"La mayor de las locuras es sacrificar la salud por cualquier otro tipo de felicidad"

-ARTHUR SCHOPENHAUER

LOS NEGOCIOS Y EL DINERO

Prácticamente podría escribir un libro entero acerca de estrategias de negocios. ¿Te gustaría? La razón es porque sencillamente esta área de mi existencia es la que con más fuerza me ha enseñado a *contarme una historia de éxito todos los días*. Además, porque los negocios y el dinero son dos temas que me apasionan tremendamente.

La primera vez que hice un collar inspirado en Coco Chanel, reafirmé mi gran pasión por la joyería. Estaba feliz porque finalmente, después de cuatro años rondando con jefes desquiciados (tengo video del tema) había encontrado algo en lo que realmente era buena. Aún no estaba totalmente convencida de si esta sería mi nueva vocación o no, pero definitivamente la disfrutaba mucho; así que decidí tomarme un año sabático para hacer un alto y descubrir si esto era realmente lo que quería hacer de mi vida.

Con el tiempo, mis amigas y las de mi mamá comenzaron a conocer mis diseños cuando mi madre o yo los usábamos (prácticamente todo el tiempo) y comenzaron a pedirme unos iguales para ellas, cada día eran más y más diseños. Esto elevó mucho mi autoestima, y estaba segura de que era mi destino diseñar joyería. La mala noticia era que aborrecía vender. Así como lo lees, lo odiaba.

Obviamente, si pretendía hacer de esto un negocio real, y una carrera, no podía depender de mi círculo más cercano para ganar una cantidad decente de dinero que me pagara la vida. Por lo tanto, sabía que había llegado la hora de crecer y empezar a vender en bazares, boutiques, expos y todo lo que se me ocurriera; pero en cuanto daba un paso fuera de casa para ir a vender, el corazón se me salía del pecho, sentía unas ganas terribles de vomitar y estaba **segura** de que no vendería absolutamente nada. Pensaba: "me van a querer bajar el precio, no les van a gustar, las boutiques querrán otros estilos o, en el mejor de los casos, los dejaré a consignación y es posible que se pierdan".

¿Qué crees que pasaba? ¡Pues justamente eso! *La historia que me contaba acerca de mi capacidad para vender* y del resultado que obtendría era justamente lo que atraía **con mi actitud**. Por ende, no vendía nada o muy poco ¡y simplemente no entendía el por qué! Cada persona que veía mi joyería, la halagaba a más no poder. Decían que el diseño era precioso y muy original, que las piedras estaban muy bien elegidas, que los colores eran divinos, pero al final no compraban. ¿Qué pasaba? ¡Yo! ¡Yo pasaba! Mi inseguridad se podía palpar a un kilómetro de distancia, y no solo *me contaba repetidamente la historia de que no vendería*, ¡también se lo contaba al cliente indirectamente con mi actitud! Ya no es tan sorprendente entender por qué se iban con las manos vacías, y por qué yo quedaba un poquito más deprimida después de cada venta no hecha. *Me reafirmaba la historia de que era buena diseñando, pero pésima vendiendo.*

Hoy, siete años después, soy una mujer con la libertad financiera que siempre he soñado, **amo** vender y sobre todo dar consejos a través de mi canal acerca de estrategias, ideas y todo, absolutamente todo lo que tenga que ver con creatividad, negocios y dinero. ¿Cómo lo logré? Tocando fondo.

"La peor experiencia es la mejor maestra"

-KOVO

Tocar fondo puede tener solo dos caminos: o te quedas varado o te vas para arriba. En noviembre se realizan varios bazares por mi ciudad, y en aquel entonces estaba segura de que, si lograba conseguir un lugar en uno de ellos, vendería muy bien. Después de todo, en esas fechas la gente tenía su aguinaldo, había regalos que dar por compromiso, buscarían algo nuevo que usar para las posadas, etc. Así que mi joyería era perfecta para la ocasión. Gasté los últimos ahorros que me quedaban en el *stand*, lo decoré precioso y todo estaba listo. ¡La gente llegaba por montones! Muchísimas personas empezaron a acercarse a mí para admirar mis preciosas creaciones (o al menos eso creía yo). Preguntaban por los materiales y la técnica que utilizaba, halagaban la combinación de colores, etc. El bazar duraba un fin de semana, y para la tercera hora del sábado yo estaba confiada en que este bazar sería un éxito para mi negocio.

Las horas del sábado y el domingo finalmente terminaron. No vendí ni una sola pieza. Absolutamente nada. Me sentí fatal. Solo tenía a mi madre para apoyarme en ese evento, así que incluso con ella sentí una vergüenza tremenda. Pensé que le estaba fallando terriblemente, que le estaba demostrando que yo era un total fracaso y una ilusa por pensar que esto me daría de comer. Ella había estado apoyándome desde el inicio de este emprendimiento y yo acababa de demostrar con creces que no servía para esto. *Esa fue la historia que me conté.*

Pasé una semana sin salir de mi casa, haciendo absolutamente nada más que lamentarme y sentirme un total fraude. Era la típica escena patética: yo en pijama, comiendo helado directo del envase, sin bañarme y sin querer hablar con nadie. Creo que estaba peor que si hubiera terminado una relación. Tristísima, acabada. Así que decidí renunciar a mi sueño de diseñar joyería. Tal vez todos los halagos que recibía eran meros cumplidos, y ni mi joyería era tan bonita como me decían, ni yo lo suficientemente capaz de convencer a un cliente de comprarme.

Respiré profundo y analicé mi realidad. Tenía dos opciones: volver a un trabajo "estable" para cumplir los sueños de alguien más, o ser necia y demostrarme que podía lograr ser una emprendedora exitosa. ¿Qué decidiría? Sabía que si no insistía más y más, siempre me quedaría la duda de "qué hubiera pasado si decidía intentarlo una vez más". Así que **me cansé** de sentir lástima por mí misma *y decidí contarme una historia de éxito.*

No sabía exactamente a dónde me llevaría esa historia, pero me visualicé triunfando. Me vi plena, lo sentí y continué insistiendo. Cuando en tu historia está presente la perseverancia, sí o sí verás resultados. Así que acudí a otro bazar, y a otro y a otro más, analicé el mercado y entendí que las piezas que llevé al último bazar estaban muy por arriba del precio promedio de otros negocios de joyería que estaban en ese mismo bazar, así que la próxima vez llevé diseños variados con diferentes precios. Volaron. Vo la ron. Entonces me di cuenta de que sí sabía vender, solo tenía que poner atención a los detalles. ¡Por Dios! Primero veían la pieza económica y después, inevitablemente se llevaban también alguna de precio más alto. Lo mejor de todo es que se iban felices y con un diseño muy original.

Seguí vendiendo por algunos años hasta que nació mi hija y caí enferma, así que tuve que parar. A la fecha, es un negocio que estoy rediseñando y que pienso retomar en algún punto. Pero la enseñanza que me dejó esta experiencia fue el hecho de contarme una historia en la cual **sí** tenía éxito, donde era necia y perseverante, donde decidí probarme a mí misma de lo que era capaz de lograr.

Desde ese entonces he emprendido varios negocios, y en cada uno he decidido contarme una gran historia de éxito que me llene y trabajo arduamente por cumplirla. Lo mejor de todo es que **tú misma** puedes sentir y creer en esa historia que te cuento aún detrás de una pantalla. ¿Sabes por qué? Porque me cuento esa historia *hasta que me la creo,* por eso funciona. Hoy puedo decir que soy una de las mejores vendedoras en mi rango de una de las empresas con las que trabajo. Ya no "vendo", me apasiono por un producto, me enamoro primero de él, luego lo recomiendo y cada mes supero mis propios números.

¡Contigo puede pasar exactamente lo mismo! Ya sea que trabajes para una compañía o por tu cuenta, te aseguro que constantemente te cuentas historias que **sabotean** tu rendimiento en el área laboral. Esto sin importar si estás en ventas, contabilidad, relaciones públicas, etc. Si constantemente te das cuenta de que no disfrutas lo que haces o crees que no eres lo suficientemente capaz de lograr tus metas, es momento de hacer un alto, respirar profundo y, como lo hice yo, no solo veas la superficie, hay que ver más allá. Analiza las historias que te cuentas en tu trabajo, observa a qué se deben, de quiénes son esas historias, ¿tuyas o alguien más las puso ahí?, y replantéalas como lo hice yo. Resultó ser que soy excelente vendedora, ¡siempre lo fui! ¡Si algo me gusta es hablar, y lo hago muy bien! Entonces lo que hay que hacer aquí es reconocer tus capacidades, **creértelas,** aceptarlas y comprender que es cierto que eres buena en esa área que dominas. **Esa** será la habilidad que impulse a todas las demás. *Solo cuéntate la historia que deseas para ti,* para tu vida.

¿Qué quieres lograr? ¿Vender más que el mes pasado? ¿Más que el vendedor estrella? ¿Hacer más en menos tiempo? ¿Tener ideas más innovadoras? ¿Crear una nueva estrategia? ¡Lo que sea! Eres capaz de lograrlo. Así que tengas una o cien historias mal contadas acerca de lo que eres capaz de lograr en el área laboral, cámbialas, conviértelas en retos, comprométete a trabajar por ellos y empéñate como yo lo hice. Persevera, y si fallas de una manera, inténtalo de otra, y de otra y de otra más, hasta que te salga. No es que no te salgan las cosas solo porque sí, yo estaba dando precios muy altos (para el área donde vendía) y por eso no vendía. ¿Cuál es tu error? ¿Malos socios? ¿Procrastinas demasiado? ¿No eliges bien a tu equipo de trabajo? ¿El liderazgo? Sea lo que sea, encuentra esa razón y trabaja en cambiarla, pero nunca dejes de contarte tu historia de éxito. Si yo hubiera decidido contarme una historia de fracaso, este libro no estaría en tus manos, así de sencillo. La capacidad que tienes es enorme, puedes lograr esa meta si rediseñas esos pensamientos equivocados y los enfocas en esa historia que te mereces, en la que quieres ver realizada.

Te aseguro que mientras rediseñas tu historia en todas y cada una de las áreas de tu vida, te vas a encontrar con un ser renovado frente al espejo. Empieza hoy a confiar en ti, te lo debes.

"Cuando escuches una voz interior diciéndote que no puedes pintar, pinta tanto como puedas, y verás cómo se callará"

- VINCENT VAN GOGH

Hace un tiempo compartí un video que se llama *Cómo mejorar tu relación con el dinero*. En este video les hablaba de cómo estamos mal programados en relación a la abundancia, pensamos que el dinero es sucio, que es pecado tenerlo o que las personas que lo tienen son malas. También les compartí una breve pero poderosa meditación en la cual te visualizas recibiendo un cheque por un millón de dólares y la pregunta más importante era: ¿qué sentías cuando lo tenías en tus manos?, ¿era miedo?, ¿nerviosismo?, ¿o tal vez era una inmensa felicidad? Si era la última, ¡felicidades! Eso quiere decir que sabes que el dinero es únicamente un medio de cambio que te ayuda o te destruye. Si te alegraste, eso refleja lo que está dentro de ti en relación a la abundancia; *la historia que te cuentas acerca del dinero*. En ese mismo video doy una serie de consejos para cambiar ese chip, mejorar la relación con el dinero y abrirse a la abundancia que mereces.

Un ejemplo muy claro es cómo reaccionas cuando algún amigo o conocido te invita a formar parte de un negocio, por ejemplo una red de mercadeo. Entiendo que este tipo de negocio puede estar un poco satanizado ya que ha habido muchas empresas fraudulentas de este tipo, pero también existen empresas con años de experiencia, excelentes productos y, de hecho, son una muy buena oportunidad de negocio si sabes trabajarlo. Pero aquí lo importante no es la empresa, lo realmente importante es cómo te sientes **tú** ante el ofrecimiento de alguien más para invitarte a un negocio. Seguro que generalmente piensas: "Qué horror, ya me van a poner a vender y a invitar gente". Y, desde el inicio, ya cerraste tu mente a simplemente **escuchar** de qué se trata el negocio. Les cuento esto porque uno de mis negocios es con una empresa de este tipo, y no les puedo terminar de explicar cuántas veces me he sentado a presentarle el negocio a personas que parecen ser abundantes en el exterior, pero me doy cuenta de que en su mente tienen muy arraigada una historia de carencia.

Les puedo decir que mis mejores líderes son los que se han acercado a mí solitos, a los que jamás busqué, los que se la creen, los que saben que son capaces de lo que yo les estoy presentando y más. Todas estas personas tienen una sola cosa en común; *se cuentan una historia de abundancia*. Se creen absolutamente capaces de lograrlo, y actúan en consecuencia para conseguir sus objetivos.

Así que este tipo de ejemplo puede decirte mucho acerca de ti. Tal vez continúas en ese piloto automático del cual hablábamos de que "no eres bueno para vender", aunque realmente no te has puesto analizar las grandes habilidades que tienes para desarrollar un negocio. Y sobre todo para ofrecer una solución al mercado. Así que la próxima vez que te inviten a un negocio, sea de red de mercadeo o no, ¡solo escúchalo! Puede ser una gran oportunidad, y te aseguro que la persona que te invita lo hace porque ve un gran potencial en ti, así que velo tú también. No tienes que decir que sí, solo escucha, estudia las posibilidades y considéralo. ¡Ojo! No te estoy diciendo que dejes tu trabajo para aventurarte a un nuevo negocio, claro que no. Puedes conservar tu trabajo y simplemente abrirte otras opciones. En mis videos de finanzas personales siempre les recuerdo la importancia de no tener "todos los huevos en una sola canasta".

Todo en esta vida es vender. Incluso si quieres un mejor puesto dentro de una empresa, lo que tienes que hacer es "venderte" por medio de tu actitud, relaciones públicas y, sobre todo, tu trabajo para conseguir un mejor puesto. Como mencioné, de ofrecer la mejor solución ya sea a tu jefe, tus clientes, etc. Solo te estoy diciendo que te abras a la abundancia contándote una historia en la cual te la mereces y la recibes en tu vida con los brazos abiertos. Así que, como ya sabrás, llegó la hora de leer la respuesta a la pregunta: *"¿Mi economía es la que deseo?"* y escribirte una historia nueva.

TU PAREJA

Creo que podría escribir otro libro entero hablando únicamente de las historias que nos contamos en relación a nuestra pareja. Retomando el ejemplo de Gaby, les aseguro que muchas mujeres nos identificamos con ella porque crecimos con esas historias de princesas desvalidas que solo son felices cuando un príncipe encantador llega a rescatarlas. En pocas palabras, nos metieron en la cabeza que esa era la meta para ser feliz. Lo peor de todo es que esas películas o historias ya no nos contaban lo que pasaba después de la boda, ¡que es lo realmente importante en la vida! ¡Por Dios! La historia se acababa con la boda y el vestido perfecto, pero no sabíamos más de la pareja, solo que supuestamente "vivieron felices para siempre" y eso era todo. Te aseguro que creciste con algunas de estas historias, y esas, junto con otras historias que alguien más o incluso tú misma te has contado, han sido las contribuyentes a que hayas tenido algunos desencantos con tus parejas, ¿verdad?

Aproximadamente el 60% de las consultas en psicología son por temas relacionados con el amor. Este dato, para mí, demuestra un millón de cosas a la vez. La principal es que estamos totalmente equivocados en cuanto a la idea del amor de pareja. De lo contrario, no estaríamos buscando ayuda externa para poder salir adelante con el corazón roto. Tendemos a idealizar el amor, pensamos que "cuando por fin nos llegue" todo será perfecto en nuestra vida, y nada podría estar más alejado de la realidad.

En las redes sociales, cada vez se habla más acerca de dejar de buscar a tu media naranja, primero tú debes ser una naranja completa: y esa idea es genial. Lo que no te dicen es cómo ser esa naranja completa, plena y feliz. Ahí está el meollo del asunto, porque por más que creas que eres una persona "completa", tal vez, consciente o inconscientemente, esperas que tu próxima pareja, o la actual, llene algunos vacíos en tu interior, y desde ahí ya empezamos mal. Ojo, no estoy diciendo que el amor no sea maravilloso, ¡lo es, siempre y cuando *te cuentes una historia realista y de éxito!* **¡Primero contigo** y después con tu pareja!

Llegó el momento de retomar el tema de mi video de *Por qué lo dejé.* Hablo mucho de este tema porque la experiencia marcó mi vida en muchos aspectos. Ahora que veo hacia atrás, incluso pienso que es un poco cómico, porque todo partió de la forma en la que *yo me quise contar esa historia,* que, lamentablemente, terminó rompiéndome el corazón en mil pedazos como ya lo saben. Pero ahora quiero que conozcan la historia desde la perspectiva en la cual me quise contar un cuento de hadas que nunca existió.

Aquí la historia completa: duré más de cinco años con mi novio de la prepa, y en general era yo la que llevaba las riendas de la relación (se me salía lo Herrera). Aunque para mi edad y la inmadurez con la que contaba a los 17 años, ¡esas riendas a veces eran más látigos que otra cosa! Sí, se me pasaba la mano. El punto aquí es que yo tenía muy clara la idea de quién era yo cuando estaba en pareja: fuerte, decidida, un poco mandona, controladora, celosa también, ¡por qué no! Pero, especialmente, estaba sumamente atenta a que el pobre susodicho jamás me faltara al respeto ¡porque así le iba! Realmente nunca fue así, era buen tipo. Pero, por si las dudas, desde un inicio le dejé las cosas muy claras: "A mí, ni con el pétalo de una rosa", o eso creía yo.

Pasó el tiempo y, como pasa en la mayoría de las relaciones de preparatoria, eventualmente terminamos. El amor se había acabado y ambos teníamos intereses muy distintos, así que no nos quedaba de otra más que decirnos adiós. Me dolió unas cuantas semanas, pero he de confesar que antes de lo que pensaba ya estaba disfrutando mi nueva vida al máximo. Salía con mis amigas, hacíamos planes de irnos a Londres a trabajar y simplemente me sentía empoderada, feliz y en control de mi vida. Pero esta historia no se iba a quedar así por mucho tiempo.

El siguiente relato ha sido uno de los que más impacto ha tenido en mi canal, pero necesito volver a contarlo por dos razones: en el caso de que no lo hayas visto aún y, ahora, desde la perspectiva de la historia que me conté y los graves errores que cometí.

Estaba yo entonces viviendo mi vida universitaria, feliz, sana, y realmente sin grandes preocupaciones más allá de terminar mi carrera y dedicarme a pensar en mi futuro profesional, ya fuera en México o en el extranjero. Un buen día, mi mamá me pidió que la acompañara a cenar con su mejor amiga y el sobrino de esta, quienes venían de visita el fin de semana de Ciudad de México. Lo que yo no sabía es que este encuentro estaba "maquiavélicamente planeado" por mi madre y su amiga para que su sobrino y yo nos conociéramos. Mi mamá les había enviado unas semanas antes una foto mía en donde salgo no espantosa, lo que le sigue; literalmente parecía yo una señora ochentera lista para el reventón. Para esa sesión de fotos me hicieron un copete de dos metros de alto (no sé en qué estaba pensando al haberme dejado tomar una sola foto luciendo así). El punto es que después de ver esa foto, el susodicho, a quien he llamado Johnny para proteger su identidad, quedó enamorado de esa chica ochentera de la foto, así que hizo lo posible para conocerme.

Honestamente, tuve que pedirle permiso a una pierna para mover la otra y acudir a esa cena. De verdad algo me decía que no fuera, me daba tanta pereza, pero, como soy buena hija, decidí acompañar a mi madre, y ahí conocí a Johnny. Mi primera impresión de él fue que era grosero, sangrón y con cara de muy pocos amigos, ya que prácticamente se limitó a decir "buenas noches" y "qué tal" la primera hora de la reunión. Sin embargo, después de que llegamos al restaurante y pidió una copa, su actitud cambió a la de un caballero carismático, listo, culto y muy educado. Pasamos la noche entera platicando y riendo a carcajadas, puedo confesar que me flechó desde la primera noche.

Para no extender tanto esta historia, les contaré que, al mes de oficializar nuestra relación, llegó a mi casa con un anillo de compromiso para pedirme que me casara con él. A mí me faltaba todavía año y medio para terminar mi carrera; sin embargo, yo estaba tan profundamente enamorada que decidí aceptar el compromiso con la única condición de que, para casarnos, él esperaría a que yo terminara mi carrera. Después de todo, era lo menos que yo le debía a mi madre.

En ese momento, para mí todo era perfección. Seguía siendo yo, la Paola fuerte y decidida y, sobre todo una Paola muy ilusionada; pero, poco a poco, empecé a contarme una historia diferente a la que yo había puesto en mi cabeza con respecto a una pareja. (Ojo: lo que voy a decir a continuación no es para culpar a mi madre de nada, solo estoy diciendo que el siguiente comentario que me hizo, retumbó en mi cabeza y me pegó mucho por los siguientes meses). Un par de días después de que me comprometí con Johnny, mi mamá muy ilusionada me dijo: "Ay hija, no sabes qué gusto me da saber que por fin tendrás a alguien que te cuide siempre, ahora ya me puedo quedar tranquila al saber que ya tienes a alguien que va a ver por ti".

Creo que pueden entender el trasfondo de estas palabras. Eran obviamente las palabras de emoción de una madre amorosa que se alegraba por el compromiso de su hija. Pero también, de alguna manera, yo me conté la historia de que me estaba diciendo que por fin había llegado alguien a mi vida para que yo estuviera "bien". De alguna manera, lo que yo capté de esas palabras fue: "Por fin hay alguien que se va a hacer cargo de ti, ya que tú no puedes hacerlo sola". Conscientemente yo no racionalicé esta idea, pero inconscientemente sí, **y mucho**.

Con el tiempo, Johnny empezó a tratar de cambiarme. Primero me daba todo: amor, casa, auto, chofer, tarjetas de crédito, viajes, etc. Pero poco a poco y con comentarios muy sutiles, empezó a querer cambiar mi apariencia, la forma en la que me comportaba con su familia, con mis amigas. En pocas palabras empezó a moldearme a su conveniencia y yo… me dejé. ¿Y saben por qué me dejé? Porque de alguna manera de forma inconsciente, ya estaba en mi mente la historia de que sin él yo nunca iba a lograr tener todo lo que teníamos, de que sin él yo ya nunca iba a ser feliz, de que ahora era él quien llevaba las riendas de esta relación.

¿Recuerdan que les dije que después de la primera copa que tomó la noche que nos conocimos su actitud cambió por completo? Pues bueno, esa fue la primera señal de que, de alguna manera, él dependía del alcohol para pasársela bien, y lamentablemente me fui dando cuenta cuando ya estaba enamorada hasta las manitas. Aun así, cuando llegó el verano decidimos irnos a vivir juntos para realmente ver cómo sería nuestra vida en pareja una vez que nos casáramos. Durante este tiempo, y por una escena de celos bastante estúpida, un día me corrió de la casa. Me acusaba de haberle coqueteado a un amigo mío cuando todo lo que hice era pedirle que me acompañara a comprarle un regalo a él. Se enteró de la situación porque gracias a la paranoia con la que vivía, ingresó a mi computadora para revisar mis chats y encontró una conversación de lo más inocente en la cual yo le pedía a un amigo este favor. Y solo por eso, ante sus ojos yo ya era una cualquiera.

A estas alturas, yo ya le tenía mucho miedo a este señor (me llevaba nueve años) y no me había dado cuenta. Yo pensaba que lo "respetaba", pero realmente lo que ya había sembrado él en mí era miedo, y mi mayor miedo era perderlo. Lo vi tan enojado ese día, tan molesto conmigo, que lo único que se me ocurrió hacer fue hincarme y pedirle perdón, pedirle a gritos que no me corriera de la casa, que no terminara conmigo, que recordara que nos amábamos muchísimo y que nos íbamos a casar. Ahí, la Paola que siempre he sido se esfumó por completo, y con esta actitud le entregué el control de mi vida.

Tras años de haberme contado una historia en donde yo era una pareja que no se dejaba de nada ni de nadie, decidida, de carácter y en control de la situación, *pasé a contarme la historia de que realmente yo no valía nada sin un hombre que se hiciera cargo de mi vida.* Me conté la historia de que **necesitaba** a este energúmeno tirano para llenar mis vacíos, para tener algo que me hiciera sentir valiosa: a él.

Todo se me olvidó, todo se me fue por el simple hecho de no haber puesto un alto y analizar la historia que me estuve contando durante un año. Una historia en la cual le tuve miedo, una historia en donde pensé que jamás podría querer a alguien como lo quería a él, *una historia donde pensé que yo sin él ya no era nada.* Me repetí tantas veces todos los días esta historia, que me la creí y, con el tiempo, yo misma manifestaba situaciones cada vez más dolorosas que solo me reafirmaban que estaba en lo correcto al pensar como pensaba.

Después de este incidente, ya nada fue igual. Algo dentro de mí se había roto. No quería aceptarlo conscientemente, pero entendía muy en el fondo que alguien que realmente te ama no te trata así, no te corre de tu casa, no te termina por una tontería, no te humilla y no intenta cambiar toda tu esencia con el único fin de controlarte. No, ese tipo de pareja se llama narcisista, y ellos solo se aman así mismos (si bien les va). Pero, para ese momento, la historia que yo me había contado ya estaba tan arraigada dentro de mí, que tenía que continuar pasando una prueba dolorosa detrás de otra. Me quedaron solo dos caminos: despertar de mi letargo o apagarme por completo y quedarme ahí para siempre.

Sé que muchas de ustedes se han contado una historia similar porque, como ya les he comentado, recibo cientos de mensajes todos los días de parte de ustedes en donde me cuentan que "creen" o, mejor dicho, "están seguras" de que sin su pareja no son nadie, que no valen nada; en general, que su vida no es nada sin el otro. Ese es el primer error. ¿En qué momento se te olvida eso de ser la naranja completa?, ¿en qué momento le otorgaste el poder al otro de decidir si ustedes son felices o no? No, la vida en pareja no funciona así.

Y si esa es tu situación en este momento, es importantísimo que comiences a replantearte desde ya la idea que tienes del amor, te lo debes. Vuelve a leer, te lo debes. El más grande error que llegamos a cometer los seres humanos cuando estamos en pareja es el *contarnos la historia de que nuestra felicidad depende de alguien más*. En el momento en que decides pensar así, le estás entregando el control de tu vida a otra persona, ¡a otro ser que no eres tú! Muchas veces en este libro ya te he dicho que tú y solo tú eres la única responsable de tu felicidad, y eso depende de la historia que te cuentas tú solita, no de la que te cuenta alguien más.

Yo entiendo, créeme, entiendo perfectamente bien que cuando llevas meses, o incluso años, contándote la historia equivocada en tu relación es complicado cambiar esa forma de pensar, pero no es imposible. La mujer que está escribiendo estas palabras es la prueba de que, cuando te cansas de sufrir y **decides** poner un "hasta aquí", todo retoma su rumbo. Lo digo porque, eventualmente Johnny llegó a insultarme a tal grado que no me quedó de otra que reventarle la cara con todas mis fuerzas y darle la bofetada más fuerte que he dado en toda mi vida (me ardió la mano por media hora). No me enorgullezco de esta situación, pero en mi caso fue el primer paso para poner un alto y defenderme, *para contarme una historia en la que no iba a permitir más;* que un hombre que decía amarme, me insultara de esa manera. Se le había acabado su Paola sumisa. Y poco a poco, la Paola que siempre he sido, esa mujer fuerte, decidida y empoderada, comenzó a resurgir de las cenizas en las que yo misma me había enterrado.

Vuelve a leer esa última frase. En ningún momento estoy diciendo que Johnny fue el malo de esta historia. **Yo misma** decidí olvidar y enterrar a esa Paola, ¿y sabes por qué? Porque en el fondo sabía que esa Paola no se iba a dejar de un narcisista, porque sabía que un narcisista iba a huir de esa Paola. ¡Por Dios! Puedes engañar absolutamente a todo el mundo menos a ti mismo. Yo sabía que en el momento en el que yo decidiera ponerle un hasta aquí, las cosas empezarían a cambiar, y por ende, la relación se iba morir. No había de otra, él jamás estuvo dispuesto a aceptar su problema de alcoholismo, y en ese momento a mí, ni me pasaba por la cabeza la palabra narcisista, así que no había de otra. Si yo volvía aún con más fuerza a ser la que yo era, esa relación de abuso, de insultos y sobre todo de mucho dolor no tenía de otra más que acabarse.

Yo sé que mientras estás leyendo estas líneas estarás recordando a la persona que realmente eres, y, ¿sabes?, en caso de que tengas una relación tóxica con tu pareja, eres completa, total y absolutamente capaz de terminarla mañana mismo solo si tú lo decides. Aquí no es culpa de nadie más que de uno mismo *el contarse una historia en la que decides ser cualquier otra cosa, excepto feliz.* No es culpa de nadie más que de uno mismo el olvidarse de tu más pura esencia, de todo lo que eres capaz de lograr sin una pareja, de que realmente mereces tener a tu lado a un hombre de bien. Eso es asunto tuyo y solo tuyo.

Por favor, analiza ahora la respuesta que diste a la pregunta *"¿Mi pareja es realmente la persona con la que quiero estar?".* Si la respuesta es no, quiere decir que ha llegado la hora de comprender qué historia te has estado contando para seguir con alguien con quien realmente no quieres estar. Yo sé, yo sé que me vas a decir "Pao, es que sí lo quiero, pero es muy difícil estar con él", "Pao, es que es complicado", "Pao, es que, es que, es que…". La respuesta es más sencilla de lo que crees: ¿quieres estar con esa persona, sí o no? Si lo quieres, pero sabes que no va a cambiar sus vicios, que no va a cambiar su forma de ser, si sabes que es una persona tóxica, ahí está tu respuesta, de tu puño y letra, frente a ti.

"Amar no es mirarse el uno al otro; es mirar juntos en la misma dirección"

-ANTOINE DE SAINT-EXUPÉRY

Una persona que se ama, *que se cuenta una historia de abundancia y plenitud todos los días de su vida,* **que se la cree,**

que sabe que merece vivir esa historia de abundancia en todos y cada uno de los aspectos de su vida, difícilmente se quedará mucho tiempo con una pareja que no la hace feliz. ¡Ah! Ya apareció la naranja completa, ¿verdad? Eso es en lo que tienes que trabajar primero, en ti, en amarte, honrarte, respetarte y sobre todo decidir que si vas a estar en pareja, será con una persona que se cuenta la historia de que tú eres un ser maravilloso y que también te cuente a ti la historia de que luchará todos los días por ser felices juntos y abundantes. En ningún momento te estoy diciendo que busques una relación de pareja perfecta. Eso no existe. Lo que quiero que comprendas es que mereces, número uno, estar con alguien con quien sí quieras estar y te haga feliz, y número dos, que mereces estar con alguien *que se cuente historias de éxito similares a las tuyas*.

Para cerrar el tema de Johnny, muchos meses después de esa primera bofetada, y como lo comenté a grandes rasgos en el primer capítulo, tomé la decisión de dejar todo, arriesgarme, cancelar mi boda con el corazón en la mano y tomar un avión a Londres en donde no conocía absolutamente a nadie. Me fui con el corazón roto y con solo tres direcciones en la mano: mi escuela, mi casa y la de un restaurante donde probablemente me ofrecerían trabajo. Eso era todo. Mi experiencia en Londres no fue nada fácil, pero fue una de las mejores de mi vida, simple y sencillamente porque decidí dejar de contarme una historia de sumisión y de sufrimiento y la cambié por una historia de independencia y de abundancia, esa abundancia que me iba a generar yo solita sin depender de nadie más que de mis ganas de salir adelante. Y así fue. En ningún momento les voy a decir que esos dos años de mi vida fueron fáciles, pero me enseñaron con creces la importancia de nunca dejar de contarme **todos los días** que me merezco vivir una historia de éxito, de plenitud, prosperidad y amor propio.

Así que, en tu caso, sea cual sea la situación actual con tu pareja, recuerda que te mereces contarte y vivir una historia en la que vueles junto a alguien, en la que ambos sean dos individuos completos que comparten su felicidad. Mereces y te debes a ti misma el contarte cada día una historia en la que no pierdas tu más pura esencia, en la que recuerdes el coraje y el valor que vive en ti. De esta manera, te aseguro que será muy difícil que permitas que una pareja te pisotee. Al contrario, buscarás estar con una pareja plena, alguien que incluso te cuente una mejor historia sobre ustedes mismos, que te diga lo maravillosa que eres, que te recuerde el ser humano tan infinitamente creativo que has sido siempre, que todo el tiempo te esté echando porras y que vea incluso cosas que tú misma no ves en ti. Dime, ahora, ¿qué historia te vas a contar acerca de tu pareja? ¡Platícame! Escribe ahora mismo todas esas cualidades que te mereces en tu relación.

TU CÍRCULO

Eres el resultado de las cinco personas con las que pasas más tiempo. Honestamente, ya perdí la cuenta de cuántas veces he dicho esto en mis videos, pero lo seguiré repitiendo porque me parece una frase con muchísima verdad y poder. Si la analizas, te darás cuenta de que es cierta, lo eres. Por eso, es sumamente importante que analices qué historia te cuentas acerca de las personas con las que decides rodearte.

Independientemente de si tu círculo en el trabajo está compuesto por personas tóxicas o no, es **tu** decisión tomar acción durante el resto de tu día, semana o mes. Está claro que lo más óptimo sería hacerlo de tal forma que te nutras de nuevas personas que aporten algo de valor a tu vida. Por cierto, para el caso de personas tóxicas (como es de esperarse), ya tengo un video en YouTube en donde doy mis mejores consejos para que, literal, se te resbalen cual teflón los comentarios hirientes de esas personitas venenosas. Te recomiendo que vayas a verlo. Ahora, vamos a estudiar tu respuesta a la pregunta *"¿Me rodeo de la gente adecuada?"*.

Muchas veces y como podrás adivinar, por contarnos una historia equivocada acerca de nosotros mismos, de nuestras capacidades y, en general, de nuestra vida, caemos en un círculo vicioso y en esa condenada zona de confort, la cual no nos permite avanzar más allá. Simplemente continuamos frecuentando a *las mismas personas que nos cuentan las mismas historias de siempre* y que, aunque probablemente no sean todas, algunas te contagiarán cierta actitud; ya sea de mediocridad, negatividad, o incluso amargura. Entonces, es aquí donde debes hacer un análisis profundo de la gente de la cual has decidido rodearte, analizar realmente qué aportan a tu vida (ya sea positivo o negativo) y con base a eso hacer algunos ajustes.

Para empezar, voy a recomendar algo que a mí me ha cambiado la vida: tener un mentor. Este puede llegar en forma de terapeuta, porque sé que te estarás preguntando: "¿Y de dónde saco yo un mentor?". Muy bien, lo que más te recomiendo es tener a alguien que te aporte en todos los aspectos de tu vida, tanto profesionales como personales. Generalmente será alguna persona a quien admires mucho, alguien que tenga grandes logros y experiencias de las cuales ha aprendido a lo largo de su vida. En la actualidad hay muchas personas que ofrecen este tipo se servicios; sin embargo, es muy importante que sea alguien confiable, con logros comprobables, que tenga una pasión real por ayudar a la gente y lo haga bien. También puedes pedirle el favor a algún amigo o conocido para que sea tu coach, alguien que cumpla con las características que acabo de mencionarte. Lo importante es que esta persona, te cobre o no, esté realmente dispuesta a compartir sus conocimientos contigo, a inspirarte, a orientarte y a ayudarte en uno o varios proyectos en tu vida.

Por ejemplo, mi mentor me ha orientado tanto en el área de negocios como en situaciones muy personales, y cada ocasión tiene un gran consejo para darme. Desde cómo sí y cómo no escribir este libro, algunos tips para educar a mi hija, hasta consejos de salud tanto mental como física. Cada vez que tenemos una sesión, me impulsa, me motiva y a veces "regaña", pero siempre, sin excepción, termino aprendiendo una lección valiosa que después aplico en mi vida y que me funciona. Es por eso que yo también tengo esta pasión por compartir lo mucho o poco que sé, por hacerles videos cada semana en los cuales hablo de diversos temas. Así como él me inspira a mí, yo deseo inspirar a mi audiencia.

Los mentores por lo general tienen una visión bastante neutral y, sobre todo muchísima experiencia que pueden compartir contigo para abrirte nuevas posibilidades y empezar a rodearte de las personas adecuadas. Así que empieza a buscar al tuyo. Aunque no sea de manera presencial, puedes tomar sus seminarios en internet, leer sus libros, etc., pero aprende a aprender de ellos. Este es uno de los mejores tips que puedo dar: nunca lo sabremos todo pero siempre habrá alguien que sepa más que nosotros, y justo de ellos debemos aprender. Siempre estoy en búsqueda de nueva información que me aporte y me impulse a seguir adelante. ¡Practícalo tú también! ¡Se vuelve un vicio sumamente saludable! Es muy probable que, si sigues estos consejos, en menos tiempo de lo que crees, alguien más te estará pidiendo que ahora tú seas su mentor.

"Si tus acciones inspiran a otros a soñar más, aprender más, hacer más y convertirse en algo más, entonces eres un líder"

-JOHN QUINCY ADAMS

Estoy casi segura de que la mayoría de las personas que están leyendo este fragmento, en este momento de su vida cuentan dentro de su círculo con personas nocivas. Y también estoy casi segura de que la actitud de estas personas los afecta directa o indirectamente. Muy bien, es hora de que leas y releas el siguiente párrafo para que te lo cuentes cada vez que una de estas personas consiga con su actitud, alterar tu paz.

Las personas tóxicas siempre están contando una historia tóxica, ya sea a ellas mismas o a alguien más. ¡Por eso son tóxicas! No saben o no quieren contar otra historia más que una de negatividad, **y no te corresponde a ti cambiarlas.** Lo que sí depende de ti es cómo tomas esas historias que te cuentan, ya que ahí probarás que tú eres un ser centrado y con luz en tu interior. La luz puede contra cualquier oscuridad. Así que brilla y no te enganches con alguien que está cometiendo el error de contarse una historia equivocada.

Si recuerdas estas líneas cada que el jefe, la amiga, tu mamá, tu tía, la comadre, la vecina (¿le sigo?) o cualquier otra persona te cuente una historia que tenga la intención de ponerte los nervios de punta, te aseguro que no le vas a permitir alterar tus sentimientos. Vuelve a leer, a **permitir** alterar tus sentimientos. Tú y solo tú determinas si ellos te afectan con sus palabras, sean las que sean. ¿Los vas a dejar ganar? ¡No lo creo! Si estás leyendo este libro, ya sabes que tú sí puedes contarte una historia amable, incluso acerca de ellos mismos. "Pues Juan me estará diciendo que no sirvo para nada, pero lo que en realidad está haciendo es contarse esa historia para después repetírmela a mí y hacerme sentir mal. "Ay, Juanito, si supieras que yo me cuento una historia totalmente diferente **¡y esa sí me la creo!** Incluso me cuento la historia de que no me lo dices para lastimarme, me lo dices porque eres tú quien está lastimado".

Puedes o no decirlo, esto dependerá de la persona en cuestión y de si es o no el momento de ponerle un límite. Este tema es importantísimo con respecto a las personas tóxicas o nocivas para tu salud mental, porque por mucho que te cuentes mil mantras de paz, si no les pones un alto a quienes con intención te intentan sacar de tus casillas, no podrás más que contaminarte de su mala vibra.

Como he comentado en varios videos, poner límites y ser firme frente a las personas que se cuentan y te cuentan una historia equivocada constantemente es sumamente importante. Sí, puede que dichos límites afecten la relación de momento, pero, créeme, ya está afectada desde el momento en que les permites ofenderte y lastimarte sin ponerles un "hasta aquí". Por ejemplo, tu mamá: hay mamis que pueden amarte con todo su corazón, pero eso no quiere decir que ellas mismas no tengan una historia previa de dolor que las haya acostumbrado a hablarte con palabras hirientes. Esto no las hace malas, solo están equivocadas, pero tú no tienes que sufrir por eso.

Así que cuando alguien cercano a ti, mamá o no, te hiera una vez más, será momento de decir, con mucho cariño (si no lo haces así, tú también estarás tomando una actitud tóxica): "Mamá, entiendo que pienses así porque es tu forma de ser, pero me lastimas mucho y no voy a seguir así. Desde hoy, te marco un límite en este tema, en el cual nunca vamos a coincidir. Por salud mental de ambas, te pido que no volvamos a tocar el asunto. Te amo muchísimo y esta situación me afecta, así que a partir de hoy respetarás mi punto de vista y así llevaremos una relación mucho más cordial". Puede que ella lo entienda, o puede que su toxicidad sea tanta que te arme un pancho monumental (en México, "pancho" es una escena, un escándalo). De cualquier manera, en ese momento tendrás lista tu súper raqueta electrocutadora y tu mantra "me protejo, me protejo, me protejo" de las malas vibras. Desde que he implementado estos límites en mi vida, me siento mucho mejor, con menos cargas emocionales que no me corresponden y, sobre todo, más contenta con mis decisiones, mi cuerpo, mi carrera y mi vida en general.

Esto es hablando exclusivamente de las personas cercanas a ti en el plano personal, cuando son amigos o familia. Pero con respecto a los compañeros de trabajo cuya actitud tóxica está relacionada a tu vida personal, no profesional, esto lo manejo de manera totalmente distinta. Desde hace muchos años soy independiente, pero eso no quiere decir que no encuentre personas tóxicas en el área laboral que me cuentan una historia que pretende sacarme de mis casillas. Me sucede cada vez menos ya que he aprendido a rodearme de personas productivas y felices en mi equipo, pero claro que me ha llegado a pasar. En este caso, hay que manejar la situación de manera mucho más diplomática; simple y sencillamente porque son compañeros de trabajo y primero están los negocios (al menos en mi caso) y después, quizás, seremos amigos.

Así que si, por ejemplo, el tóxico es tu jefe, hay dos opciones nada más: renunciar o continuar en tu trabajo sabiendo que esta persona no va a cambiar (incluso con los años puede que sea cada vez peor, pero se puede vivir con eso), pero no hay otra opción más. Si tu trabajo no es lo que esperas y no te llena, regresa a la parte de los negocios de este libro y busca dentro de ti esa historia de éxito profesional y muévete para crearte la vida que te mereces. Si, por el contrario, decides seguir ahí, vuelve a leer, **decides** seguir ahí, entonces también decidirás no volver a permitir que las actitudes nocivas te afecten. Decide contarte la historia de que estás ahí para llegar a una meta, y también entiende que esta es solo una etapa y que está en ti poder moverte de área, o que, simplemente, en algún momento, ¡te cambien al jefe! Pero incluso si este no es el caso, el punto importante aquí es que tú **decides** cambiar tu perspectiva ante esta situación incómoda y seguir adelante.

No todo en tu círculo tiene que ser malo o tóxico; al contrario, te aseguro que hay muchísima más bondad y luz a tu alrededor de la que has visto hasta el momento. Si tú también te has contado una historia equivocada acerca de las personas que te rodean, es momento de hacer un alto y volver a analizar.

Por ejemplo, tu abuela, es posible, que si aún la tienes contigo, puede que tenga sus mañas o sus comentarios que, tal vez, en algún momento resulten un poco nocivos, pero también te aseguro que existe tanta experiencia dentro de su ser, tanto amor y tan buena vibra, que puedes decidir reaprender de ella todo lo que aún no sabes. Pongo a la abuela como ejemplo porque, aunque la mía jamás fue una persona tóxica en mi vida (al contrario, fue realmente mi segunda madre y uno de los más grandes amores que me ha dado la vida), si en algún momento me hubiera dejado intoxicar por aquella tía urraca de la que ya hablé, probablemente no me habría quedado con el corazón lleno de amor por ella, por eso la uso de ejemplo. Durante los diecisiete años que la vida me la prestó, pude aprender tanto de ella, de la luz que habitaba en su alma, de la fe con la que vivió su vida y del inmenso amor que me demostró, que agradezco inmensamente que, a pesar de sólo haber convivido con ella por un tiempo limitado, ha sido uno de los seres humanos que más enseñanzas me ha dejado hasta la fecha.

Otro ejemplo del cual he hablado en mi canal, con lágrimas en los ojos, es mi "hijo postizo", Nadim. Puedo decirles que este chico ha sido una de las almas más puras y bellas con las que he cruzado caminos en esta vida. Por si aún no has visto ese video, voy a contar su historia de nuevo, porque cada vez que la cuento se me hincha el pecho de ilusión y de amor.

Aproximadamente tres meses después de que llegué a Londres con el corazón partido, todo, pero absolutamente todo iba mal conmigo. No tenía amigos. Había llegado a vivir a la casa de un matrimonio irlandés en donde él era alcohólico y cada noche llegaba completamente borracho. En el trabajo me trataban sumamente mal, se burlaban de mí y, en general a nadie le caía bien. Realmente lo entiendo, durante esos tres meses no hice otra cosa más que lamentarme por el gran sufrimiento que traía por mi historia de amor fallida. Sin embargo, un buen día me cansé. **Me cansé** de vivir la vida que estaba viviendo hasta ese momento. Me conté la historia de que merecía superar mi duelo y pasármela bien en Londres. Así que le hice caso a esa nueva historia y actué en consecuencia: me cambié de casa, busqué otro trabajo, y, ahora sí, estaba decidida a hacer nuevos amigos.

Aquí es donde entra Nadim. Justo el día que entré a mi nuevo trabajo como mesera, vi a un chico frente a mí, pero realmente lo que sentí no me había pasado nunca antes, fue como una especie de "amor a primera vista", pero sin ser amor de pareja, era un amor casi maternal. Lo que en realidad vi o sentí cuando lo conocí, no fue a un niño, fue a un cachorrito bajo la lluvia llorando, hambriento y con la pata rota, y lo único en lo que pude pensar fue "yo tengo que ser su amiga". Así que me conté esa historia y fui necia; todos los días cuando llegábamos al trabajo lo saludaba obviamente en inglés (él es de Irlanda). Su respuesta se limitaba a un seco "hola" sin siquiera voltearme a ver. Fíjense bien en que no me conté la historia de que él era una persona grosera o un sangrón, no, me conté la historia de que lo que yo sentí por él era un reflejo de lo que él estaba pasando en su vida en ese momento (de hecho, así fue), y estaba decidida a hacer lo necesario para poder entablar una amistad con él, simplemente estaba convencida de que seríamos grandes amigos.

Así pasaron dos semanas. Dos largas semanas en las cuales nunca me dirigió más palabra que un "hi" y un "bye", era todo. Sin embargo, al final de estas dos semanas, al finalizar la "capacitación" de vinos del restaurante (que más bien fue una borrachera monumental para todos los que tomamos dicha capacitación), y, ya con un par de copas encima me animé y le dije: "A ver, Nadim, ¿por qué eres tan sangrón conmigo? Yo solo quiero acercarme a ti, te saludo todos los días y tú a veces ni siquiera me contestas". Él, que también traía un par de copas encima, volteó lentamente hacia mí y, en español, me dijo: "A ver, wey (sí, wey) pues es que soy muy tímido, me da mucha pena, pero me caes muy bien", podrán entender que con ese español tan mexicano me quedé impactada, solo pude responderle: "¿Hablas español, condenado?, ¿dónde lo aprendiste?". Su respuesta: "Viendo la novela Marimar". A partir de ese día hemos sido inseparables.

Realmente creo que podría escribir un capítulo entero acerca de él, por todo lo que significa para mí, pero lo que realmente quiero expresar con este ejemplo, es cómo **yo** decidí cambiar mi chip, contarme la historia de que tendría amigos; y no sólo amigos, muy buenos amigos que quedarían en mi vida para siempre. Y aunque Nadim fue la persona más importante de esa etapa en Londres, no fue el único. Un poco más de un año despues, regresé a México llena de experiencias y nutrida de los recuerdos que mis nuevos amigos me otorgaron, feliz de tener tanta apertura y, sobre todo, orgullosa de haberme contado la historia de que yo merecía tener gente valiosa en mi vida que me aportara, que me hiciera feliz y yo a ellos, y así fue. Puedo decirles que mis últimos nueve meses en Londres estuvieron cargados de amistades valiosísimas, de experiencias inolvidables, y en general, de un sentimiento de plenitud total. Todo por el simple hecho de haberme contado la historia de hablarle a ese jovencito y no quitar el dedo del renglón hasta lograrlo.

Así que te invito a hacer exactamente lo mismo, deja de contarte historias acerca de personas que realmente no conoces muy bien. No los juzgues. Conócelos y, solo entonces, podrás tener una opinión mucho más real. Acércate más a tus familiares, sobre todo a aquellos que tienen más experiencia. No juzgues a las personas por su apariencia; si yo lo hubiera hecho en

Londres con muchos de mis amigos, me hubiera perdido de experiencias magníficas en mi vida. No dejes que lo mismo te pase a ti. Deja a un lado los prejuicios y ve a las personas que te rodean con otro cristal. Entiende que nadie es perfecto, que todos tenemos cosas buenas y malas, pero, en general, yo siempre creo que los buenos somos más. Simplemente es cuestión de decidir y aprender algo nuevo de cada persona que pasa por tu vida.

Lamentablemente, la tecnología a veces nos ha alejado más de nuestros seres queridos de lo que nos ha acercado a ellos. Cuéntate la historia de que tú también te mereces interactuar más con las personas más cercanas a ti, abrir tu corazón, que ellos se abran también contigo, de vivir nuevas experiencias y de pasar ratos inolvidables. Solo por el hecho de contarte una historia de apertura, una historia donde seas más sociable, menos prejuiciosa y más abierta a las posibilidades que te da la vida con cada persona que se cruza en tu camino.

Y no solo te quedes ahí, ¡sal! Toma cursos, busca moverte dentro de actividades donde sepas que puedes conocer a personas con tus mismos intereses. Menciono mucho el tomar algún curso porque, por ejemplo, pensemos que eres soltera y también eres sumamente emprendedora, ¿tú crees que no es muy probable que en algún curso de emprendedores puedas conocer a grandes amigos o compañeros para un nuevo proyecto? ¡O incluso al amor de tu vida! Todo es cuestión de que te cuentes la historia de que te lo mereces y, sobre todo, de que puedes cambiar el rumbo para rodearte de personas que hagan tu vida un poquito más feliz.

Vuelve a ser momento de analizar la pregunta *"¿Me rodeo de las personas adecuadas?"* y de tomar cartas en el asunto para que todos y cada uno de ellos (o al menos la gran mayoría) sean personas que aporten, gente con la que te guste convivir y con la que te sientas feliz y plena, o mentores que compartan su experiencia contigo; así como también para decidir poner límites aquellos que cuentan una historia equivocada a ti o a quien sea.

En este capítulo, hemos cubierto las respuestas a las preguntas que nos hicimos en el capítulo anterior, abarcando prácticamente cada aspecto de nuestras vidas. Ahora que has hecho estos análisis profundos y has tomado nuevas decisiones para contarte nuevas historias, romper paradigmas y creer más en ti y en el poder que tiene cada historia que te cuentas, es momento de aplicar día a día estos conceptos a tu vida.

LA HISTORIA QUE TE CUENTAS Y EL DOLOR

"La única discapacidad en la vida es una mala actitud"

- Scott Hamilton

Hasta este punto hemos hablado de la conversación más importante que tienes todos los días: la conversación contigo misma. También hemos comentado acerca de ese piloto automático, ya sea bien o mal programado, que sí o sí existe en tu vida; y hemos puntualizado la importancia de vivir en un estado consciente, observando los pensamientos que está generando tu cerebro. Ya tienes clara la necesidad de desapegarte de las ideas que alguien más sembró en tu niñez, y de la infinita creatividad que vive en ti para crear historias ganadoras en tu vida. Hemos hablado de cómo perfeccionar cada idea, cada nueva historia que nace de tu mente y cómo darle rumbo a ese piloto automático para que pensar positivamente se convierta en parte de quién eres cada día, así como de volver a tu naturaleza.

Te tengo una noticia que seguramente ya conoces: no todo en esta vida es blanco y negro, ¡por supuesto que no! Estoy segura de que puedes leerte este libro, y hasta este punto reconocer y ya estar practicando el gran poder creativo que vive en ti para diseñar la más perfecta historia de amor contigo misma. Sin embargo, en la vida, inevitablemente nos enfrentaremos a situaciones sumamente dolorosas, incómodas y tristes.

La vida tiene una inmensa gama de colores; desde el blanco más brillante pasando por algunos rosas que se relacionan con el amor, la creatividad del amarillo, la espiritualidad del azul, hasta llegar al negro más profundo y abismal. Puedes haber pasado años viviendo una existencia relativamente feliz y privilegiada, cuando, de repente, la vida te da un revés y te encuentras viviendo en una situación sumamente dolorosa y

aparentemente imposible de superar. Es ahí cuando hay que ser aún más inteligente con la historia que te cuentas. Por eso, en esta sección hablaremos de todos esos colores que tiene la vida.

EL DUELO

En algún punto de nuestra vida futura nos encontraremos viviendo uno de los más grandes dolores por los que puede pasar un ser humano: la muerte. Es parte de la vida y, por ende, será inevitable que tengas que enfrentarla (o volver a hacerlo) en algún punto de tu vida.

Hace un par de meses, tuve que ser el consuelo de una persona muy cercana a mí que había perdido a un ser querido. Aunque ambos ya vivimos constantemente en este camino de contarnos día a día una historia de plenitud, éxito y tranquilidad; es obvio que habrá momentos en los cuales nos sea absolutamente imposible pensar positivo, porque el dolor de una muerte puede llegar a ser tan intenso, que habrá un periodo de duelo en el cual sea casi imposible pensar positivo.

Como ya te habrás dado cuenta, soy una mujer que actualmente vibra en positivo, que constantemente está tratando de buscar la grandeza y la belleza en todo. Pero, en este caso, no había mucha belleza en el dolor de mi compañero; nos estábamos enfrentando a un duelo, a una muerte súbita que provocaba un profundo vacío y a la impotencia que suele experimentarse en este tipo de situaciones. Entonces, ¿qué tocaba? ¿Qué historia nos íbamos a contar? Y, peor aún, ¿qué historia iba a intentar contarle yo para animarlo? La respuesta es: ninguna. Así como lo lees, absolutamente ninguna historia de éxito ni de amor iba a ayudar en ese momento. Lo que tocaba entonces era VIVIR EL MOMENTO. Así como con los miedos, en ese instante nos tocaba abrazar el dolor, vivirlo, sentirlo y llorarlo tantas veces como fuera necesario para sacarlo de nuestro sistema y vivir el proceso de duelo.

Seguramente en el pasado, ya habrás experimentado de alguna manera este tipo de duelo; una muerte, ya sea de una persona muy cercana o de algún conocido. Como sabrás, no es fácil ni para ti ni para la persona a la que quisieras consolar. Eventualmente te volverá a suceder, al final de cuentas, la muerte es lo único seguro en esta vida. Y es justo ahí cuando hay solo dos historias que contarte: "Esto duele. Esta es mi realidad el día de hoy. La acepto y la vivo un día a la vez" y "Algún día volveremos a vernos". ¡De esa última, yo estoy segura!

Estoy consciente también de que yo misma experimentaré un profundo dolor en algún momento de mi vida cuando pierda algún ser querido en el futuro. Sé que va a doler muchísimo, que me voy a caer por un tiempo, que posiblemente el dolor dure más de lo que yo pienso que durará; pero también sé que voy a salir adelante. En pocas palabras, esa es la historia que decido contarme desde este momento. Me gusta pensar que viviré honrando a aquel ser que se me adelantó, y viviendo feliz y sonriente, como seguramente le hubiera gustado a aquella persona tan especial que lo hiciera.

Por eso, no te voy a decir: "Échale ganas, tú puedes" y menos "Todo va a estar bien". Jamás trataré de minimizar tu pérdida, porque, en ese momento no es la historia que te va a servir, no es lo que quieres escuchar y, a mi parecer, no es ni siquiera justo. Cuando una persona vive un duelo, hay que entender sus pasos y acompañarlo en el camino, o vivirlo en carne propia si es el caso. Así que ante un dolor tan grande como lo es un fallecimiento, jamás te diré algo tan insensible. Lo único que puedo decirte es: "Vive tu dolor, no lo niegues, no lo resistas, no lo evites. Llora tanto como tengas que llorar, saca ese dolor, agótalo, debilítalo y, como en muchas ocasiones, si es necesario, aprende a vivir con él". ¿Cuántos de nosotros no hemos perdido a nuestros padres o abuelos? Duele, y mucho.

Es en este tipo de momentos tan crudos de la vida, cuando debemos de aprender a vivir un día a la vez. Entender que sufrimos un poco desde el ego por el hecho de no poder volver a ver a esa persona, pero que, si pensamos en ella, sabemos que está mucho mejor ahora. Se trata de dar un paso cada día y contarte la historia de que vas a continuar cuidando de ti por mucho que duela. Si tú o alguien más está pasando por esta situación, por favor no te aísles, no te automediques y no minimices tu dolor. Simplemente vive un día a la vez y cuéntate la historia de que tu vida, a partir de ahora, ha cambiado y que, tanto por esa persona como por ti, aprenderás a seguir caminando y, eventualmente aprenderás a vivir con tu nueva realidad.

"El duelo es un proceso, no un estado"

— ANNE GRANT

Hasta la fecha, mi historia más grande de duelo fue cuando perdí a mi abuela a los diecisiete años. Decir que fue como mi segunda madre se queda corto, era casi mi alma gemela. El amor tan grande que nos teníamos es completamente imposible de describir en palabras, la descripción que más se le acerca es "infinitamente inmenso". En vida fue mi ángel guardián, y ahora, en un segundo plano, estoy segura de que lo sigue siendo.

Cuando nací, mi mamá se vio sumamente grave debido a una peritonitis que le causó la cesárea. Durante cuarenta días, no le dieron esperanza de vida. Cada día, el doctor le decía mi abuela: "Señora, hágase a la idea, de esta noche su hija no pasa". Mi abuela siempre fue una mujer de fe, y cada día le respondía al doctor: "Usted no es Dios". Ella se contaba todos los días una historia de fe inquebrantable, que le aseguraba que mi mamá saldría adelante. Fueron días sumamente críticos y pesados para las tres, porque aunque yo acababa de nacer, solo me llevaban media hora por la mañana y media hora por la tarde a ver a mi madre convaleciente, así que solo mi abuela podía cargarme y darme algunas palabras de cariño durante esos treinta minutos.

Cada vez que podía, me contaba sin cesar la siguiente historia: "Mamita linda (cuando me hablaba con amor, lo hacía de usted), la traían tan chiquita envuelta en su cobijita, y siempre traía una cara de "compungida" (triste), pero en cuanto yo la cargaba y le decía: te queremos mucho mi amor, no estés triste. ¡Ay, y le cambiaba la carita! Y yo la llenaba de besos a mi muchachita". Obviamente, yo no lo recuerdo, pero estoy segura de que, desde mis primeros días de vida, mi abuela y yo creamos un lazo de amor inquebrantable; porque esas palabras de amor sincero e incondicional, también me dieron fuerzas a mí, como recién nacida para no enfermarme ante la falta de mi mamá. Ese amor me salvó la vida, y lo sigue haciendo, aún después de su muerte.

Después de esos 40 días, prácticamente de milagro, mi mamá sobrevivió. El doctor siempre le decía que era una mujer muy afortunada, ya que en esos casos tan críticos sobrevive una de mil, y mi madre fue ese número uno. Está de más decir que la felicidad invadió a mi abuela al saber que su primera nieta no quedaría desamparada al morir su madre. Desde ese momento, ella me dijo que siempre me vería como una hija más. Pasaron los años y creo que, entre más ancianita se hacía mi abuela, más y más cariñosa se volvía conmigo. No puedo acabar de explicarte cuánto disfrutaba yo de sus historias, aunque me las contara exactamente igual una y mil veces; lo que daría por volver a escuchar una historia de su boca.

Un día, cuando tenía ya diecisiete años, antes de entrar al cine con mis amigos, recibí un mensaje en un pequeño localizador que me había regalado mi mamá, pidiéndome que me comunicara con ella. Así que corrí al primer teléfono público que encontré y la llamé. El tono en su voz me dejó saber lo grave de la situación: "Necesito que vengas a la casa inmediatamente, tu abuelita está muy mal y la tenemos que llevar al hospital de urgencia". Está demás decir que el corazón se me partió en mil pedazos; lo primero y único que quería hacer era correr a su casa para poder hablar con ella antes de que ocurriera lo peor.

Afortunadamente, pude llegar en quince minutos a su casa. La habían acostado en un sillón, y ya no estaba en sus cinco sentidos. Hacía dos días que se le había paralizado el intestino y una de sus hijas apenas nos había avisado. La ambulancia llegó en cinco minutos, con mucho cuidado la subieron y, por supuesto, yo me fui adentro con ella. Tomaba su mano y le decía que aquí estaba con ella, que pronto iba a dejar de sentir dolor por las medicinas que le estaban poniendo los enfermeros. En algunos momentos recuperaba un poco más la conciencia y parecía ella calmarme más a mí que yo a ella.

Llegamos al hospital y su médico de cabecera ya se encontraba en urgencias esperándonos. No me separé ni un momento de ella; y mientras tanto mi mamá y mi tía hablaban con el doctor. Cuando mi mamá se acercó a mí y le pregunté si todo iba estar bien, no pudo hablar y solo movió la cabeza de lado a lado. Esto fue un viernes por la noche. La trasladaron inmediatamente a terapia intensiva para tenerla lo más cómoda posible y evitar que sintiera dolor. Nos dejaron entrar una por una a verla para darle las buenas noches; yo fui la última que entró. Ya estaba muy debilitada y a punto de quedarse dormida, así que solo me limité a decirle: "te amo muchísimo, abuelita", mientras ella respondía: "yo a usted, mamita linda". La besé en la frente y tuve que salir. Una hora después, entró en shock.

Puedo decirles que esa fue la noche más larga de mi vida. Además de mi abuelita, había otros enfermos muy graves y, durante la noche, varias veces hubo un par de crisis con los enfermos. Mientras yo veía cómo entraban y salían corriendo los médicos me angustiaba muchísimo porque no sabía si a la que atendían era a ella. Al otro día, sábado por la mañana, llegó el resto de la familia para despedirse de ella, pero ella ya no respondía. Ya no podía hablar, solo estaba dormidita. Así que aproximadamente a las diez de la mañana nos avisaron que ya no había nada más que hacer, y que en cualquier momento se iba a ir. Decidimos estar en una habitación privada con ella, tranquilos, rezando por ella, hablándole, diciéndole que ya podía irse, que no tuviera pendiente por nosotros, y que podía regresar a la casa del padre. Siempre me dijo: "¿Sabías que los que se mueren en sábado se van derechito al cielo?", así que yo le decía: "¡Es sábado, abuelita! ¡Aprovecha!". El corazón me dolía de una manera que no puedo describirles, pero yo sabía que en ese momento me tocaba ayudarla a morir en paz.

Poco a poco, su respiración se fue apagando. Mientras yo le sostenía la mano, pasaron los minutos, y antes de las tres de la tarde, mi ángel de la guarda en la tierra dejó de existir.

Es muy difícil describir exactamente lo que sentí en ese momento, fue una combinación de paz, tristeza, alegría por saber que ya no iba a sufrir y también dolor, mucho dolor. El golpe más fuerte llegó cuando vi entrar su ataúd en la casa fúnebre; ahí me quebré y empecé a gritar de dolor. No me di cuenta ni siquiera de lo que decía ni de lo mal que me puse, pero me cuentan que me puse muy mal, tanto que tuvieron que darme un tranquilizante, ahí empezó mi duelo.

Casi siempre recibía una llamada de ella a las tres de la tarde en punto, todos los días me llamaba por teléfono. Aproximadamente una semana después de su muerte, justo a las tres de la tarde, sonó el teléfono y lloré como nunca lo había hecho. Me hacía tanta falta escuchar su voz, saber que ella estaba ahí para mí del otro lado del teléfono. Mi segunda mamá, el angelito que me cuidó tanto en mis primeros meses de vida ya no estaba en la tierra y dolía demasiado.

Aunque es de esperarse que uno sea el que entierre a sus abuelos, por más preparado que estés, cuando llegue el momento de su muerte será muy difícil de enfrentar, especialmente si fuiste tan cercano a ellos como yo lo fui con mi abuela. Aun así, y por ser ella un ser tan especial en mi vida, me caí, por meses me fui para abajo. Lloraba todos los días, no podía ni siquiera comer, y el dolor físico que llegué a sentir era inmenso. Incluso sin estar consciente en aquel entonces de la importancia de la historia que me contaba, decidí vivir mi duelo. Decidí permitirme vivir el dolor en lugar de evitarlo, decidí abrazar mi sufrimiento y llorarla tantas veces como mi corazón lo necesitara. Ese momento de mi vida se llamaba duelo; así que sin estar consiente, me conté la historia de que en ese momento tocaba llorar y vivir el duelo sabiendo que aprendería a coexistir con mi dolor. Y así fue.

Al día de hoy, y desde hace muchísimos años, la siento. Ella vive en mí. Aunque solo me la prestaron por diecisiete años, fueron diecisiete años de una dosis extrema de su amor, de su ejemplo, de sus historias y sobre todo, de su fe. Ella, mi abuela, fue una mujer de una fe inquebrantable. Una mujer que se contaba historias de fe todos los días, las vivía, las sentía, y se las creía tanto que logró transmitírmelo, y lo sigue haciendo hasta el día de hoy. Este pequeño pedacito de mi libro es para tí abuelita. ¡Gracias por ser uno de los más grandes regalos que me dio la vida!

Una parte de ti sigue viva en mí, ¡sé que algún día nos volveremos a ver! Mientras tanto, seguiré viviendo mi vida, honrándote y esperando que estés orgullosa de mí. ¡Te amo!

"Y entendí que lo que me esperaba no era seguir sin ti. Era seguir contigo, guiándome desde otro lugar"

-AUTOR DESCONOCIDO

Sí, en algún momento pasarás por una muerte cercana. Tal vez el escenario sea más duro, tal vez lo enfrentes con mayor madurez, pero, inevitablemente, sucederá. El proceso no será fácil, pero, si te mentalizas para vivirlo, podrás hacerlo desde el corazón y con las herramientas para sobrellevarlo lo mejor posible. Piensa que, de repente, una parte de tu vida se ha vuelto oscura y que tú vas manejando solo con las luces de tu auto, solo puedes ver los siguientes diez metros. Por un tiempo será así, solo tú y tu realidad inmediata, tu presente. Pero eventualmente comenzará a amanecer poco a poco y así retomarás con más luz este nuevo camino.

"Llorar es hacer menos profundo el duelo"

-WILLIAM SHAKESPEARE

Ahora pasaremos a otro color que tiene la vida, que después de ser rosa o azul (si es un príncipe el que se fue), todo se vuelve negro, y a veces hasta sin color. Simplemente no ves más allá de tu dolor después de terminar con una pareja.

DESPUÉS DE LA PAREJA

Justo antes de escribir estas líneas, recibí un mensaje en mi Facebook de una seguidora muy triste y desesperada porque su marido la había abandonado. Me contó que sigue mis consejos, que ella misma tomó la decisión desde hace mucho tiempo de dejarlo, que eventualmente se fue empoderando y que sabía que había llegado el final. Sin embargo, cuando su separación fue una realidad; cuando vio su casa vacía, su nueva realidad la golpeó fuertemente. Se sintió totalmente perdida y devastada. Me dijo que sentía que se le había acabado la vida, que ya no estaba segura de sus decisiones y que no sabía qué hacer.

Muy bien, ya hemos hablado acerca de cómo identificar las historias que te estás contando cuando estás dentro de una relación de pareja tóxica, pero ¿qué pasa cuando ocurre una separación?, ¿cuando de verdad te quedaste sola y de hecho ya es una realidad? Es otro duelo. Otra clase de duelo que puede marcar tu vida para bien o para mal, *dependiendo de la historia que decidas contarte*. Siento que este libro no estaría completo si no hablamos del proceso que se vive durante una separación. Definitivamente, este es uno de los momentos más duros en la vida de un ser humano.

Volviendo al caso de mi seguidora, Ana, (así la llamaré para proteger su identidad, pero aclaro que ella me permitió compartir su historia en este libro). Fue muy amable al abrirse tanto conmigo, y al aceptar los consejos que pude darle; ojalá pudiera hablar así con todas y cada una de ustedes, pero me es imposible. Por eso escribo este libro, para poder llegarles de alguna manera a todas las que estén pasando por una situación similar o cualquier otra que se mencione en este libro.

En el caso de Ana, nunca hubo una relación abusiva, como es el común denominador en muchas de las chicas que me escriben. Lo que sí hubo fue muchísimo amor de su parte, pero también una terrible codependencia de ella hacia su marido. A pesar de que ya no se llevaban bien, parecía que ella seguía necesitando esa relación en su vida, aunque ya no la hiciera feliz. Me dijo que su esposo en realidad era un muy buen hombre, que ella desde muy joven se enamoró perdidamente de él y que, decidió desde que lo conoció que sería el hombre con el que se casaría y que sería feliz dedicándole su vida. En pocas palabras él era todo su mundo. Pasaron los años y ella solo vivía para él. Ella era feliz siendo su esposa, cuidándolo, atendiéndolo; solo vivía por y para él, y eso por muchos años la hizo feliz. Observa aquí que Ana solo hacía válida su felicidad por lo que su esposo hiciera o dejara de hacer; se contó la historia de que, sin su marido, su vida no valía nada, y que sin él no podía ser feliz.

Me dijo: "Con el paso de los años, él dejó de ser atento y cariñoso conmigo, hasta parecía que yo le aburría. Y por más que yo hacía de todo para tenerlo feliz y complacerlo, era evidente que ya nada era suficiente. Yo sé que yo ya no era feliz tampoco, me desgasté mucho tratando de que él estuviera contento, y por eso no entiendo qué fue lo que pasó, si mi vida entera era él". "Ese fue el problema, hermosa", le dije. "Justamente ese fue el problema: el abandonarte, el olvidarte completamente de ti y de tus sueños; de que no te diste cuenta que durante tantos años tu autoestima se fue haciendo chiquita. Te aseguro que antes de él tenías sueños, proyectos personales, algo que fuera únicamente tuyo, un proyecto individual, ¡algo que te hiciera tener la iniciativa para poner límites, y también dedicarte a ti, a tu persona, a tus sueños, a tu tiempo!".

Si analizamos bien su historia, Ana pensaba que contarse la historia de que vivir para su marido, era su felicidad y esta era la historia equivocada. Incluso esta especie de "idolatría" hacia su esposo, terminó por darle a él una idea equivocada de quién era realmente Ana, dejó de admirarla, de respetarla y, eventualmente, la vio muy poca cosa para él, la hizo menos. Fueron las actitudes de Ana las que provocaron que él mismo se contara una historia equivocada acerca de quién era realmente ella, así como los propios pensamientos e historias que su marido se contó mientras estaban juntos.

Ana, con sus actitudes, le estaba diciendo a su marido que sin él, ella no valía absolutamente nada. Y aunque al inicio de su relación él la trataba muy bien y la veía "hacia arriba", poco a poco fue perdiendo el interés y se contó la historia de que ella ya no lo hacía feliz. Entonces empezaron los problemas, los distanciamientos, él empezó a tomar decisiones sin consultarla y hacía muchas cosas sin ella, como viajes, reuniones, pasatiempos, etc.

Un punto muy importante aquí es que en ningún momento estoy diciendo que el esposo de Ana tenía la idea correcta, pero el ENTORNO que ella misma le creó a su alrededor por tantos años le contó a él una historia repetitiva que eventualmente se estancó. Una historia de codependencia. Y, finalmente, ella misma se creó una relación tóxica al entregarle a él de manera inconsciente **toda su felicidad**, su vida, sus proyectos, etc. Absolutamente todo lo que la podía hacer una mujer completa se lo entregó a él, y a nivel inconsciente dejó que él fuera el único dueño de una felicidad que solo le correspondía a ella crear y a nadie más.

Entonces, ahora Ana estaba sola, arrepentida, triste y sin rumbo. Ella sentía que el mundo se le venía encima y buscaba desesperadamente la respuesta para sacarse ese dolor del pecho. "Vívelo", le dije, solo vívelo... Lo vas a llorar, vas a pensar en los errores que cometiste, te vas a enojar contigo, después te vas a enojar con él, vas a querer recuperar el tiempo perdido, que, al fin de cuentas, entenderás que fue tu tiempo de aprendizaje para entender que te mereces vivir una vida completa, con o sin pareja. Una vida en la cual tu felicidad depende única y exclusivamente de ti, jamás de alguien ni de algo. Solo de ti".

Eso es lo mismo que te quiero decir a ti, que estás leyendo estas líneas. Si en este momento te encuentras en un proceso de separación de tu pareja: vívelo. Te va a tocar recoger todos los pedazos de tu ser y de tu autoestima y volver a reconstruirte poco a poco. Lo que te toca ahora y lo que le toca a Ana es enamorarte de ti primero, quererte con todo tu corazón, honrarte, caerte tan pero tan bien, que no te quede otra opción más que ser inmensamente feliz. Primero única y exclusivamente CONTIGO, con el hermoso ser humano que eres.

Lo sé, tienes golpes del pasado, heridas muy profundas y dolorosas las cuales poco a poco vas a sanar. Te vas a contar la historia de que en este momento te toca vivir ese duelo, ¡pero, ojo! Solo vívelo mientras te reconstruyes. Mientras sanas, te vas a contar la historia de que vas a sacar de tu sistema todo el dolor que sientes por dentro y que, eventualmente, vas a salir de ese estado de depresión y angustia. Pero no dejes de vivirlo, no lo niegues, no lo evites. Recuerda: a lo que resistes, persiste. Así que si quieres llorar, llora; si quieres reír ríe; si te quieres enojar, enójate y enójate mucho. Busca a tu círculo más cercano y ve a terapia. Vive tu proceso.

En una situación así, es muy importante contarte una historia en la que asumes al 100% tu responsabilidad por lo que te pasó o dejó de pasarte. Vuelve a leer: asumes en su totalidad tu responsabilidad por lo que te ha pasado o te ha dejado de pasar en tu vida. Absolutamente todo lo que has manifestado en esta vida, lo que has vivido, lo que has gozado y lo que has llorado, son, sí o sí, producto de la historia que te cuentas. Aquí no se trata de saber qué hizo o dejó de hacer tu ex pareja, porque, si lo haces, sería entregarle a él la responsabilidad de lo que te correspondía única y exclusivamente a ti: tu propia felicidad.

Sin embargo, sí te recomiendo que, cuando llegue el momento y ya estés lista, realices una especie de desintoxicación de tu vida pasada con tu pareja. Cuando, además del pensamiento, y por muy fuerte que este sea, TOMAS ACCIÓN, las cosas te quedan aún más claras. Digamos que así refuerzas con acciones la historia que te estás contando, la estás haciendo tu nueva realidad. Así que una vez que hayas pasado el tiempo de soledad, llanto, tristeza, depresión, etc., será muy importante que FÍSICAMENTE saques de tu vida no solo a esa persona sino todo lo que tu vida con él representaba.

Puedes hacer algún ritual en el cual limpies a detalle toda tu casa y la "desintoxiques" de todo lo que el susodicho llegó a tocar. Una depuración de las cosas que más te lo recuerdan. Puedes quemarlas o enterrarlas, así como tirar a la basura absolutamente todos los recuerdos que involucren el amor eterno que se juraron, las promesas que te hizo, las promesas que tú le hiciste. Incluso puedes escribirle una carta diciéndole toda la cantidad de malas palabras que sepas en todos los idiomas que se te ocurran, puedes gritarle a su fotografía, etc. Esto va a seguir siendo parte de tu duelo, pero te va a llevar un paso adelante hacia la nueva historia que te estás contando.

Una vez que dejas atrás tu vida anterior, la nueva historia que te vas a contar va a depender única y exclusivamente del resultado que quieras ver en tu vida de ahora en adelante. Ana, por ejemplo, me prometió que se enfocaría en contarse una única historia de amor, la más grande hasta ahora en su vida: la historia de amor con ella misma.

Me di cuenta de que no estaba muy segura de cómo iba a hacerlo ni de cuánto tiempo le iba a tomar lograrlo, pero la sentí decidida, y eso era lo más importante. Desde ese momento, Ana ya se estaba contando la siguiente historia: "¡Lo voy a lograr!". Lo mejor de todo es que estaba consciente de que le queda un largo camino por recorrer porque su duelo está iniciando. Estaba consciente que se iba a caer y llorar, que habrá momentos en los que se moriría de ganas de pedirle a su esposo que reconsidere; lo entiende, está consciente de esto. Pero, aun así, desde ese momento DECIDIÓ contarse la historia de que, por primera vez, su prioridad sería ella misma. Ella escogió reencontrarse consigo misma para enamorarse de su propia esencia y no volver a buscar en nada ni nadie la felicidad que solo ella puede manifestar.

Hay muchas técnicas que he compartido con ustedes, y siento que la siguiente se aplica a la perfección para este tipo de duelos. Se trata de una técnica de filosofía hawaiana que consta de meditar únicamente cuatro palabras muy sencillas pero a la vez muy poderosas, las cuales te llevan a un estado de paz interior maravilloso. Dicha técnica lleva por nombre Ho' oponopono. Tiene una profundidad mucho mayor a la que te voy a explicar, pero su más pura esencia consiste en decir y sentir las siguientes palabras para contigo mismo:

"Lo siento, por favor perdóname, gracias, te amo".

Ojo, no se trata de repetirlas como merolico, sin pensarlas y sin sentirlas. No, así no funciona. Se trata de ayudarte elevar tu frecuencia mientras meditas estas palabras y te las dices a ti misma. Esta técnica proclama que todos estamos conectados con el universo y entre nosotros mismos y que por ende, una parte de tu pareja vive en ti. Esa parte que te lastimó y que te hizo daño, esa a la que debes de hablarle aplicando esta meditación. Como te he dicho en muchas ocasiones en mis videos: no lo creas, sólo pruébalo por 21 días, compruébalo y siente sus resultados. Para mí ha sido sumamente liberador, ya que, de una manera sumamente amorosa y pacífica, me ayuda a aceptar mi absoluta responsabilidad en los acontecimientos que han sucedido en mi vida, buenos o malos. Termina con la frase más poderosa de todas, que es "te amo", y me deja en un estado de infinita paz, en la cual **dejo de buscar culpables** para encontrar a la única responsable de mi felicidad. Yo.

En este tipo de duelos, en los que el ego busca desesperadamente hallar un culpable que no seas tú, esta técnica te pone los pies en la tierra de una forma sumamente amorosa, te abre los ojos, te eleva a un estado de paz y (al menos a mí) te da la fortaleza necesaria para tomar las riendas de tu vida y decidir contarte una historia de plenitud. Y, por ende, contarle la misma historia a la gente que te rodea.

Otro color que a veces toma la vida, es cuando somos el blanco de una persona que solo se siente "feliz" (fíjate cómo lo puse entre comillas) cuando desprestigia a otros; y cuando solo se empodera por ofender y lastimar. Cuando hace bullying.

¿VERDE DE ENVIDIA?

Muchas chicas entre los dieciséis y veintiún años también me escriben y me cuentan las experiencias que han vivido con el bullying. Puedo decirles que me sorprende enterarme de que existen chicos tan jóvenes que solo buscan hacer daño a sus compañeros. Sin embargo, no me engancho en ello y me cuento la historia de que los buenos somos más y que el valiente vive hasta que el "cobarde" quiere. Pero, lamentablemente, es una realidad sumamente común no solo en nuestro país, sino alrededor del mundo.

Estoy consciente de que alguna persona que esté leyendo este libro, posiblemente en este momento, se encuentre experimentando un caso de bullying o acoso hacia su persona. También estoy consciente de que pueden decirme: "Paola, ¿qué historia puedo contarme si mis compañeros no dejan de agredirme o molestarme?". Pues, es muy sencillo, solo son dos historias las que te tienes que contar: "A partir de hoy, dejaré de permitir que sus comentarios me afecten" y "Lo que dice Juan de Pedro, dice más de Juan que de Pedro" (amo esa frase).

Si analizamos bien la situación, cualquier persona que sea víctima del bullying tiene dos opciones: ponerle un alto inmediatamente o callar, "ignorarlos" y PERMITIR que los comentarios o acciones que le hagan continúen mermando su autoestima día tras día. Generalmente, las personas víctimas de bullying cuentan con una autoestima muy baja, y lo peor de todo es que dejan que haya personas que los sigan molestando. Con el silencio y sin ponerles un alto, se están contando la historia de "yo te permito que me hagas y me digas todo lo que se te antoje para lastimarme". Es obvio que no te la cuentas conscientemente, pero definitivamente ese es el mensaje que estás enviando a tus agresores.

Si este es tu caso, con la persona que sea: tu mamá, tu papá, tus hermanos, compañeros del trabajo, de la escuela e incluso por internet. ¡Caray! Quien sea que en este momento se esté contando la historia de que sus palabras estúpidas de agresión PUEDEN MÁS que tu decisión de ponerle un alto, le llegó el momento de cerrar la boca, PORQUE TÚ LO DECIDES. Vuelve a leer, porque tú DECIDES poner un alto, reconocer tu valor, tu fortaleza y, sobre todo tu coraje para quitarte de encima a estos intentos de seres humanos, que se encuentran tan vacíos por dentro que se han contado historias extremadamente equivocadas a lo largo de los años y, por ende, vivirán siempre miserables si se siguen contando la historia de que solo podrán ser felices hiriendo a otros.

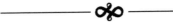

"Demasiadas personas sobrevaloran lo que no son y subestiman lo que son"

- Malcolm S. Forbes

Si en este momento de tu vida estás pasando por esta situación, por favor regresa a la sección de *"Tus capacidades"* de este libro. Ahí vas a volver a responder la pregunta "En general, ¿soy feliz?", pero ahora agregarás la herramienta del Ho'oponopono. Haciendo de nuevo una introspección, pero en este caso mucho más profunda y poderosa, te vas a repetir las cuatro palabras que te acabo de enseñar: "Lo siento, por favor perdóname, gracias, TE AMO". Casi puedo asegurarte que, si practicas todos los días esta meditación, consciente de la situación en la que te encuentras, serás capaz, antes de lo que te imaginas, de darle un vuelco de 180° a tu vida.

Puedes hacer la meditación que tú quieras. Si no tienes mucha idea de qué decir, después de estas cuatro palabras, puedes meditar de la siguiente manera:

"Lo siento por dejar entrar a mi vida esta situación, por permitir que poco a poco fuera carcomiendo mi autoestima, mi seguridad y sobre todo mi fortaleza. Por favor perdóname, (tu nombre), por sufrir tanto a costa de los demás cuando mi felicidad depende única y exclusivamente de mí, jamás de lo que digan o hagan las personas a mi alrededor. Gracias por permitirte iniciar este proceso de cambio, por decidir, a partir del día de hoy, amarme y respetarme todos los días de mi vida y con todas mis fuerzas. Te amo, (tu nombre); eres un ser maravilloso, lleno de luz, de amor y de creatividad infinita. Te amo porque eres capaz de crear la vida que siempre has merecido".

Es una meditación muy pequeña, pero para mí ha sido sumamente poderosa. ¡Claro que ha habido personas en mi camino que han intentado perturbar mi paz!, pero desconocen que tengo estas poderosas herramientas que me llevan y me elevan a un estado de paz y de fuerza interior que ellos jamás podrán conocer y mucho menos alcanzar (¡a menos que lean mi libro!). Así que yo también la practico, mis amores. Soy un ser humano como cualquiera, que llega a quebrarse cuando las personas llenas de oscuridad se empeñan en lastimar mis sentimientos. Pocas veces lo logran y, si lo hacen, la incomodidad no me dura mucho. Desde hace muchos años he decidido contarme la historia de que yo SIEMPRE puedo más que ellos. Así como yo, te recomiendo que practiques esta pequeña meditación por las mañanas o en cualquier momento en el que te sientas cómoda y, durante el resto del día, cuando tu agresor se acerque e intente lastimarte, simplemente aléjate y repite varias veces estas cuatro poderosas palabras. Escríbeme por favor contándome tus resultados. Te puedo contar que en mi experiencia, me han llevado a un estado de paz inquebrantable.

Así que recuerda, cuando ellos estén verdes de envidia, tú los vas a cegar con la luz brillante que vive dentro de ti.

DEPRESIÓN

Una palabra muy pequeña, pero muy fuerte a la vez. La depresión ha cobrado vidas, y ciertamente paralizó la mía por unos tres años. Tres años en pausa por una depresión de la que pude haber salido antes si tan solo me hubiera contado la historia correcta.

Como ya he comentado en otros párrafos, este libro es para ustedes, para intentar responder a las preguntas más comunes que me hacen todos los días. Hay días en los que recibimos más de mil mensajes por hora y es imposible responder a todos individualmente; no puedo hacerlo personalizado, pero sí puedo escribir aquí las estrategias que me han hecho cambiar mi vida en 180º.

Un comentario muy común que me hacen es algo como: "Paola, no sé qué hacer con mi vida. Nada me motiva, nada en mi vida va bien y siento que no sirvo para nada, ayúdame!".

Estoy tan familiarizada con esta historia que cada vez que las leo no puedo evitar recordar a esa Paola de hace diez años en la misma situación: sola, arrepentida de sus errores, con muchas culpas, pensando que jamás sería una mujer exitosa y que probablemente se quedaría sola; porque así de fracasada como era, nadie sería capaz de amarla. Sin embargo, un factor común que tenemos las personas en depresión es: ¡querer salir de ella!

Suena obvio, lo sé. Pero si te fijas, aunque estés pasando por una depresión fuerte, en realidad, en lo más profundo de tu corazón, lo único que quieres es poder salir adelante y ser feliz. Sí, incluso si llegas a tener pensamientos suicidas, o si alguna persona cercana a ti los tiene a causa de su depresión, esto debido a que no ha encontrado la forma de salir de ella, pero, te lo aseguro, tiene ganas de dejar de sufrir. Lo que hay que hacer aquí es enfocar bien estos pensamientos depresivos. Yo estuve tres largos años en este estado, sé lo que se siente, sé lo que duele incluso a nivel físico; pero también sé cómo sola y con mis pensamientos y acciones logré salir de ella. Así que, por muy melancólica que te encuentres, te haré una sola pregunta: ¿quieres salir de esa depresión? Asumo que la respuesta es un rotundo sí. Absolutamente nadie desea vivir en un estado constante de angustia.

Nadie, absolutamente nadie, se deprime de un día para otro. La depresión es un proceso en el cual permites que tanto tus propios pensamientos como todo tu entorno, te lleven poco a poco a ese estado. La historia que te cuentas, como ya has podido observar, puede ser tu mejor aliada o tu peor enemiga. Y, cuando es errónea, puede llevarte al punto más bajo de tu existencia.

Para ilustrar lo que te acabo de decir, te voy a contar la historia de Omar, uno de los chicos más echados para adelante, simpático, ocurrente y, sobre todo un hombre de muchísima fe. Omar es amigo mío, él ha sido un gran apoyo en varios momentos de mi vida, especialmente en los más oscuros. Siempre estaba presente al menos en una llamada en mi cumpleaños, en los cumpleaños de mi hija, en los de mi madre, etc. Siempre estaba ahí con una sonrisa y con una palabra de aliento. Es importante mencionar que Omar tuvo una vida sumamente difícil desde su infancia, y durante muchos años, padeció mucho de salud, es sobreviviente de cáncer y las situaciones que le ocurrieron en el pasado eran para tirar a la depresión a cualquier ser humano. Pero, hasta hace unos años, nada había podido con él ni con su fe.

Te cuento rápidamente su vida: su padrastro abusó de él; se quedaron él, su madre y sus dos hermanas en una pobreza casi extrema por años. Unos años más adelante, le detectaron cáncer, sufrió por varios años y luchó como todo un guerrero y, aún así, siempre, pero siempre lo encontrabas con una sonrisa y con más preocupación por ti que por él. Siempre era así. Me decía que tomado de la mano de Dios, nada podía perturbarlo, que él confiaba plenamente en su creador y siempre tenía la certeza de que eventualmente, lo mejor sucedería en su vida. Su optimismo y fortaleza eran de admirarse.

Actualmente, Omar tiene 47 años, y durante los últimos diez una de sus hermanas y su madre han caído enfermas. Está de más decir que la situación en la familia los deprime, y la situación económica no es la mejor. Así que, poco a poco, con los años, Omar fue entrando en un estado severo de depresión, *por contarse siempre la misma historia de dolor,* de angustia y de carencia. En algún momento me llegó a decir que se sentía traicionado por Dios, renegaba de Él, estaba enojado por la salud de su familia, por no ver mejoría tampoco en su situación económica. Por si fuera poco, su segunda hermana y él siempre habían tenido problemas de comunicación, ya que sus personalidades son totalmente diferentes y uno siempre quería cambiar la forma de ser del otro.

Después de varios meses de no verlo, vino a casa a visitarnos, y fue ahí cuando su semblante me mostró lo mal que la estaba pasando. Podrás comprender la sorpresa que me llevé cuando uno de mis amigos más cercanos, el más feliz, el hombre de fe a quien nada ni nadie quebraba, se presentaba totalmente destrozado frente a mí. Platicando con él, pude darme cuenta de que su luz se había apagado, constantemente se contaba la historia de que cada día era más difícil sobrellevar la vida que le estaba tocando. Decía que cada día estaba más viejo, más enfermo y que sentía que se encontraba en una debacle sin fin. Una de sus frases más recurrentes en la plática que tuvimos en esa ocasión fue "es que ya no puedo más".

Puedo decirte que sabía perfectamente cómo se sentía Omar en ese momento, recuerda que yo ya había pasado por ahí también. Me dolió mucho ver cómo su fe se había quebrado, cómo su energía y su vibración eran tan bajas, que eran casi molestas. En pocas palabras, yo lo veía amargado. Sin embargo, sabía que él era mi amigo. Yo estaba decidida a recordarle todo lo que él mismo me había enseñado y el maravilloso ser humano que aún era, así como hacerle ver que lo único que tenía que hacer era quitarse todo ese lodo de negatividad que traía encima, para que su luz pudiera volver a brillar como siempre.

Ese día no le dije nada, porque sabía que no era un buen momento. Él no estaba abierto a la posibilidad de reencontrarse consigo mismo, de darse cuenta que él y solo él era el responsable de su felicidad o de su infelicidad. Dejé pasar una semana y media más o menos y, con el pretexto de que me ayudara en el diseño de un nuevo logo, lo invité a colaborar conmigo. Realmente yo no necesitaba un nuevo logo, ni nada por el estilo, pero comencé por recordarle la genialidad y creatividad que viven en él. Estuvimos toda una tarde rebotando ideas para este nuevo logo. Lo dejaba proponer ideas y colores, conceptos, etc. Por fin lo volví a ver motivado y emocionado. Obvio que no era todavía ni la sombra de aquel hombre al que yo había conocido hace años, pero definitivamente, y sin darse cuenta, me dejó ver que su más pura esencia seguía ahí, intacta.

Después de un par de días, el diseño estaba terminado. El logo terminó por gustarnos tanto que fuimos a registrarlo, ya que eventualmente formará parte de un producto de uno de mis negocios. Así que una vez que encontré el momento exacto, cuando lo vi contándose la historia (sin él darse cuenta) de que seguía siendo el mismo hombre creativo, burlón y carismático de siempre, fue cuando ataqué con todo y le dije: "Omar, tenemos que hablar". No voy a transcribir aquí toda la conversación que tuvimos, porque no fue de un solo día, pero le hice ver que si él volvía a su naturaleza, dejando de contarse hora tras hora todos los problemas y las situaciones que lo rodeaban, y especialmente ese famoso "ya no puedo más", podría darle la vuelta a la situación. Ojo, esto también sería un proceso, ¿recuerdas que te dije que la depresión es un proceso? Bueno, el salir de ella también lo es. Cualquier persona, curso o libro que te prometa que vas a salir de la depresión en un dos por tres, está mintiendo.

Por eso es importante recordar quién eres, de qué estás hecha, y salirte de ese círculo vicioso que te llevó a esa depresión profunda. Olvidarte por un momento de todas las historias que te has estado contando, de borrar esa programación de tu mente para resetearla, y volverla a programar de nuevo. Insisto tanto en la importancia de vivir el aquí y el ahora porque ultimadamente, es lo único que tenemos. Es básico saber reconocer en qué momento de tu vida te encuentras, y si es una depresión, está bien. Lo primero es aceptar que estás en depresión, lo segundo es meterte en la cabeza que también vivirás el proceso de salir de ella, una vez que lo hayas decidido.

Fui sumamente realista con Omar, le hice ver la gran negatividad cíclica con la que ya se había acostumbrado a vivir, el proceso que lo había llevado a ello y le hice la misma pregunta que te acabo de hacer a ti: ¿quieres salir de esta depresión, sí o no? Te alegrará saber que obviamente su respuesta fue un sí; pero, como te dije, fui sumamente realista y le hice ver que el hecho de que hubiera tenido este pequeño pico, tanto anímico como económico, no quería decir que ya estaba de salida en su depresión, para nada. Lo que realmente quería que entendiera, era que con contarse una historia diferente Y TOMAR ACCIÓN, como lo fue el salir de su zona de confort para ir a trabajar conmigo en un proyecto, fue justamente lo que le recordó todo lo que ya había olvidado: sus sueños, sus capacidades, sus anhelos, y hasta esa personalidad tan carismática que solo él tiene.

Logré también que se enojara con él mismo, que se hiciera responsable de los resultados que había obtenido hasta ahora. Lee muy bien, por favor, estoy hablando única y exclusivamente de SU vida, no de la de su familia. Le hice entender que si él era la cabeza de familia y si quería que las cosas cambiaran, primero tenía que estar bien él, para entonces hacer todo lo que estuviera en sus manos para ayudar a su madre y sus hermanas. Aquí aplica perfecto el ejemplo de las mascarillas de oxígeno en los aviones: tienes que ponerte primero tú la mascarilla para después ayudar a alguien más. Una de sus mejores amigas es psicóloga, y ya se había ofrecido a darle terapia gratis, pero él en esos momentos se sentía tan desorientado y amargado que no le aceptó el favor. Pero para mi muy grata sorpresa, unos días después de la plática que tuvimos me contó que por fin había aceptado la ayuda de una de sus amigas más cercanas. Él estaba consciente de que salir de su depresión era como un paseo en coche: él apenas estaba dirigiéndose al auto, era hora de encenderlo, arrancar y andar poco a poco, del punto A al punto B. Salir de la depresión es un proceso, no importa cuánto te tardes, lo importante es que nunca dejes de avanzar.

"En gran parte, tú construiste tu depresión. No te fue dada. Por tanto, tú la puedes deconstruir"

-ALBERT ELLIS

Al día de hoy, Omar ha mejorado su situación financiera, pero su mami sigue muy enferma (la vida no es perfecta). No te puedo negar que eso le duele, es obvio, es su madre. Pero he vivido muy de cerca su proceso, y puedo decirte que al día de hoy su semblante volvió a ser el de siempre. Lo veo decidido, tomando acción un día a la vez; lo cual le ha traído resultados. La mayor de mis sorpresas fue que ha limado muchas asperezas con su hermana, y que juntos están luchando por su familia. Jamás te voy a decir que ni la vida de Omar, ni la mía, ni la de nadie es perfecta, pero soy fiel testigo que cuando una persona decide todos los días contarse una historia que nace del amor y de las ganas de vivir, su vida cambia sí o sí.

LA DISCAPACIDAD SOLO ESTÁ EN LA MENTE

No me voy a cansar de decir que estoy creando este libro con la finalidad de intentar responder a tantas y tantas situaciones que me cuentan todos los días. Vuelvo a mencionarlo porque otro factor común en las historias que me cuentan en mis redes sociales suele ser algo como "mi discapacidad, mi enfermedad, mi salud NO me permite ser exitosa. Estoy condenada al fracaso".

Más adelante, ahondaré acerca de una "discapacidad" que me cambió la vida. Si bien no perdí ninguna extremidad, ni ningún sentido, sí experimenté una enfermedad que me incapacitó por más de dos años. Y te sorprenderás al saber que esa "discapacidad" fue lo mejor que me pudo haber pasado. Sí, acabo de decir que esa incapacidad y esa debilidad que me invadieron por años fueron un regalo divino.

Algunas de ustedes me han dicho que padecen de alguna discapacidad en sus manos, o que ya no pueden caminar debido alguna enfermedad, tal vez han perdido movilidad en algún miembro, a veces la vista, etc. En ningún momento te voy a decir que enfrentarte a una discapacidad, a una pérdida en tu cuerpo que te vuelve tan vulnerable sea sencillo. De hecho, para mí, es uno de los retos más grandes a los que se puede enfrentar un ser humano. Pero también creo que, si te toca, es porque puedes con eso y más.

Más adelante profundizaré en las mejores técnicas que me ayudaron a salir adelante en todo este camino. Sin embargo, para llegar a ese proceso, tuve que pasar por una especie de duelo con respecto a mi salud. Tuve que aceptar mi nueva realidad, y lo más importante, fue mentalizarme que esta incapacidad no era el fin del mundo, incluso si se volvía permanente. Yo tenía dos alternativas: dejarme caer y esperar a que mi madre se hiciera cargo de mí y de mi hija ya que yo "no podía", o, la segunda opción, que era luchar tanto como me fuera posible cada día, y esa lucha empezaba con mis pensamientos.

Cualquier enfermedad, discapacidad o situación que te incapacite desalienta, Y MUCHO, tanto a nivel mental como físico y espiritual. Pero lo que tuve que entender fue que ese corazón roto solo sería momentáneo y no duraría para siempre. Es totalmente comprensible, humano y válido sentirte así, o comprender que alguien cercano a ti se sienta así. Este periodo en el que uno se adapta y acepta que ya no es el mismo de antes es uno de los más duros; como dije anteriormente puede ser lo peor que te haya pasado en la vida o el mayor regalo que esta te dé.

Cuando me sentía tan mal, no podía evitar pensar en una historia que había escuchado hace tiempo. Se trataba de dos hermanos que habían crecido con un padre abusivo, siempre en la ruina, tóxico y alcohólico. Uno de ellos creció para ser su viva imagen: siempre en la ruina, sus relaciones personales desastrosas, con problemas de adicción, etc. Cuando le preguntaron por qué su vida había resultado así, su respuesta fue: "Con el padre que tuve, ¿qué otra opción me quedaba?". El segundo hermano creció para ser un hombre exitoso, con una familia perfecta, un líder, y una persona saludable y carismática. Cuando le hicieron la misma pregunta su respuesta fue: "Con el padre que tuve, ¿qué otra opción me quedaba?".

Así que aunque mi caso no fue por un padre alcohólico, sino por una enfermedad que me incapacitaba, comprendí que todo en la vida era cuestión de perspectiva. Y aunque fue difícil dejar de hacerme la pregunta "¿por qué a mí?", comencé a aceptar mi situación, mi nueva realidad, y enfocarme a la pregunta: "¿para qué a mí?". La respuesta era muy simple: para demostrarle a Sofía de lo que es capaz de hacer el amor de madre: salvarme la vida. Más adelante, con el paso de los años, sé que fue justamente esa experiencia la que me purificó, me llenó de humildad, me hizo madurar y me enseñó tantas cosas de la vida, que, hoy por hoy, me ayudan a compartir mi testimonio de fortaleza ante miles de personas cada semana.

Si yo hubiera permitido que mi enfermedad lograra incapacitar no solo mi cuerpo, sino también mis pensamientos, esa hubiera sido mi perdición. Fue muy difícil; anímicamente estaba destrozada, físicamente no pesaba más de 43 kilos, me sentía triste y sola. Pero esa pequeña chispa que siempre había vivido en mí seguía viva. Decidí cultivar esa chispa y tratar de verle el lado positivo a todo lo que me estaba sucediendo. La principal era que podía estar todo el día en casa con mi niña, cuidándola, viéndola crecer. Y, al mismo tiempo, me di cuenta de que tenía todo el tiempo del mundo, aunque fuera postrada en una cama, para abrir una computadora o simplemente mi celular y empezar a buscar soluciones para todo: para mi salud, para generar ingresos y especialmente para aprender acerca de todos los temas que se me diera la gana. Aprendí acerca de la estimulación temprana en casa para bebés, aprendí acerca de nuevas formas de generar ingresos desde tu casa, aprendí a conocer los alimentos que me hacían sentir con un poco de más fuerzas, aprendí acerca de inversiones, tomé cursos en línea de todo lo que se te pueda ocurrir. En pocas palabras, tal vez mi cuerpo estaba incapacitado, pero mi fuerza de voluntad y mis ganas de salir adelante no. No permití que mi incapacidad física se trasladara ni a mis pensamientos ni a mis sentimientos. Y, al final del día, le gané a mi enfermedad.

Honestamente, mi caso, si es comparado con el de otros personajes en la historia, no era absolutamente nada. Pienso en Stephen Hawking, en John Nash, en Frida Kahlo, en Helen Keller, y en tantas otras personas que nos han demostrado a lo largo de la historia, que lo más importante es la fuerza de voluntad. Todos, absolutamente todos ellos **decidieron** contarse la historia de que ellos eran mil veces más grandes y más fuertes que sus discapacidades.

Te repito, jamás te diré que aceptar una nueva forma de vida derivada de una discapacidad sea sencillo, pero tampoco es imposible. Todas y cada una de las personas que te acabo de mencionar y muchísimas más personas alrededor del mundo, en todos y cada uno de los rubros que te puedas imaginar, nos han demostrado que la fuerza de voluntad es más poderosa que cualquier otra cosa. Esa fuerza de voluntad no es más que contarte todos los días la misma historia de "¡Yo soy más grande que esto!", "¡Puedo con esto y más!", y la más importante: "¿Para qué a mí?". No tienes que llegar a la fama para demostrarte a ti misma, y únicamente a ti misma, de todo lo que eres capaz de lograr a pesar de cualquier discapacidad que te acompañe en tu vida.

"*La única discapacidad en la vida es una mala actitud*"
- SCOTT HAMILTON

Así que, si por alguna razón la vida te sorprende con algún tipo de discapacidad, vive tu duelo, acepta tu nueva realidad y reinvéntate. Es un proceso y al inicio estarás molesta, deprimida, confundida, etc. Esto es normal. Busca grupos de apoyo, ve a terapia, supera los prejuicios que tu discapacidad te genere, e incluso, si puedes, ¡velo con humor! Recuerda que no es el fin del mundo, ni el fin de tu vida, es solo un cambio. Entiende que tú no elegiste tu nueva discapacidad, pero lo que sí puedes elegir es cómo vivirla, cómo tener nuevas habilidades y cómo dejar que la creatividad infinita que existe en tu mente se desarrolle y vuele hasta alcanzar nuevos hábitos; y sí, la plenitud a pesar de cualquier "impedimento" físico que tengas. Recuerda también que sigues siendo un ser humano perfectamente normal, solo con un pequeño cambio. Te aseguro también que la gente que de verdad te ama estará siempre ahí para ti.

Si solo sigues el ejemplo de una de las tantas personas que te acabo de mencionar, te aseguro que no te quedará de otra más que inspirarte. Tú decides si alimentar la amargura o esa chispa divina que vive en ti y que es capaz de hacerte tan feliz como tú lo decidas.

CÓMO CONTARTE UNA HISTORIA DE ÉXITO A LA VEZ

*"A través del pensamiento, aquello que deseas se acerca a ti.
Por la acción lo recibes"*

- WALLACE D. WATTLES

Absolutamente nada de lo que he escrito en este libro tendrá sentido para ti si no lo aplicas en tu vida diaria. Por esa razón, creé las hojas de actividades descargables de *La historia que te cuentas* al mismo tiempo que este libro, para así llevarte a la acción todos y cada uno de los días de tu año; para que no solo cierres este libro y olvides sus palabras, sino que al apliques sus consejos a diario. Si ya las descargaste, recuerda que son gratuitas en www.lahistoriaquetecuentas.com. En este capítulo te compartiré las herramientas que utilizo para contarme una historia de éxito todos los días, en cada área de mi vida. Como ya dije antes, este es el **estilo de vida** que me ha llevado al éxito y me encantaría que tú también lo integres a tu vida y diseñes tu historia todos los días.

Para nadie es secreto que soy una gran apasionada de la ley de atracción. He vivido su lado bueno y su lado malo, pero siempre, sin excepción, me he demostrado que soy capaz de crear cualquier cosa que imagine, y sobre todo cualquier cosa que sienta. Para sentir y vibrar en alto, me ayudo con la visualización. Si hasta el momento no te has dado cuenta, la historia que decides contarte **es lo que define tus acciones** y, por consiguiente, de lo que atraes a tu vida con tu actitud. Has estado utilizando la ley de atracción a tu favor o en tu contra a lo largo de tu vida, y todo inicia con la historia que decides contarte. Con todos los ejemplos que viste en el capítulo anterior, has podido analizar lo que has atraído por una buena o mala programación mental; ha llegado la hora de aplicar estas herramientas conscientemente y tomar acción para que las cosas sucedan en tu vida.

En este capítulo, te mostraré cómo aprender a observarte para que, de modo consciente, identifiques cuándo te estás contando una historia equivocada y en ese mismo momento retomes el control, cambies el chip y te cuentes la historia correcta. Ahora, hay que tener la **intención** de contarte una historia mejor que la de ayer, o de la que te has contado por años, que no siempre es necesariamente la historia adecuada para ti. Llegó el momento de contarte, día tras día, una historia que haga frente a los pensamientos erróneos que ya identificaste.

VISUALIZA

En su libro, *Mañanas milagrosas,* Hal Elrod propone una serie de acciones a realizar por la mañana. Si has visto mi video de *Mi rutina de mañana* sabrás que utilizo muchas de estas herramientas desde hace tiempo y las combino con otras más; las he utilizado incluso antes de que su libro llegara a mis manos. Absolutamente todas las herramientas que te estoy compartiendo puedes utilizarlas por la mañana, pero no es estrictamente necesario que sea en ese horario. Lo importante es que las apliques día a día en el mejor momento para ti. Uno de los consejos de Hal es practicar la visualización; yo la practico desde hace más de veinte años y puedo asegurarte que ha sido una de las herramientas más poderosas en mi vida. En tus hojas de actividades he incluido una sección llamada "Mi historia para este año, mi tablero de visión", un pequeño mensaje para ti y el código QR con el enlace al video en donde te digo cómo hacer un tablero de visión a detalle. Aun si no tienes los descargables, puedes ver los videos en mi canal de YouTube y encontrar los códigos QR al final de este libro.

En caso de que nunca hayas escuchado el término, un tablero de visión no es más que un collage de palabras, imágenes o una combinación de ambos de cualquier cosa que quieras lograr en tu vida. Al usarlo todos los días, inevitablemente te programarás para enfocarte en lo que quieres atraer a tu vida. Hay que saberlo hacer bien, ya que, sin saberlo, yo manifesté mi soledad al lado de mi hija al ver diario y por años la fotografía de una chica rubia cargando a su bebé con una mirada sumamente melancólica; inconscientemente me conté la historia de una madre soltera triste y esa fue mi realidad por varios años. Por eso insisto en que hay que saber hacerlo bien. También tengo un video en el cual hice mi tablero, y a los once meses compartí que el 90% ya se había cumplido; había dos hojas en blanco porque eran mis "proyectos secretos". Bueno, uno era este libro, y el otro lo daré a conocer muy pronto. Todo lo manifesté (a excepción de mi clóset blanco), pero todo lo demás, hoy es una realidad para mí. Cuando usas todos los días tu tablero de visión, te estás contando día tras día la misma historia de éxito y plenitud **que tú misma diseñaste.** Es la historia que quieres ver hecha realidad en tu vida por el próximo año, o por el tiempo que decidas destinarle a tu tablero.

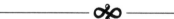

"El uso de la voluntad como proyector de corrientes mentales, es la base real de toda magia mental"

-WILLIAM WALKER ATKINSON

Un par de meses después de que nació mi hija, comencé a sentirme sumamente cansada. Me pareció algo de lo más normal, porque acababa de tener un bebé y me la pasaba atendiéndola todo el día. Para mí, era lógico sentirme así. Aún más si a esta situación le agregamos la separación del papá de mi hija, solo a los cuatro meses de su nacimiento, y, por consiguiente, la ansiedad que esto me provocó. Pues pensaba que era "obvio" estar tan cansada; jamás pensé que estos síntomas eran un aviso de que algo andaba mal con mi cuerpo. Pero pasó el tiempo, y a medida que mi bebé crecía y comenzaba a dormir noches completas, yo esperaba sentirme con más energía. La realidad era totalmente lo contrario, cada día me sentía un poco más cansada para continuar y cuidar a mi hija. Tenía también la presión de sacarla adelante, ya que su padre jamás me dio un solo centavo para su manutención. Aunque contábamos con el apoyo de mi madre, jamás estuvo en mi plan de vida el hecho de no ser una mujer productiva y menos el de depender económicamente de alguien más.

Sin darme cuenta, llegué a un punto en el cual despertaba muy cansada y desanimada. Siempre he desayunado muy ligero, solo un licuado de proteína. Después de tomar este desayuno, me invadía un cansancio terrible; sentía literalmente el gran esfuerzo que tenía que hacer mi cuerpo durante el simple proceso de digestión, y esto me agotaba muchísimo. Tenía que dormir tres horas seguidas después de desayunar. Y tenía una bebé de cinco meses que me necesitaba. Me volví intolerante al frío y mi piel cada día estaba más seca; si salíamos a alguna plaza o a caminar por un lapso mayor a una hora, regresaba a casa derrotada, con mucho sueño y con el ánimo por los suelos. Sentía que mi cuerpo estaba en contra de mí. Yo tenía toda la intención de salir adelante y simplemente mi cuerpo no me lo permitía, parecía que no me respondía.

A la par de esto, comencé a bajar rápidamente de peso. Llegué a pesar unos 43 kilos de nuevo, pero en esta ocasión era porque mi cuerpo estaba fallando. Sin embargo, más de cinco médicos me dijeron que lo único que sucedía conmigo era una simple depresión post parto. Claro que me sentía triste por el cansancio inmenso que me invadía todos los días, pero yo, en el fondo, ¡no estaba deprimida! ¡Al contrario! Tenía todas las ganas y toda la intención de salir adelante y luchar por mi familia. Yo sabía que esto no era una depresión post parto, era algo más, lo sabía. Lamentablemente todos los médicos que vimos me decían siempre lo mismo: "Señora, usted solo está deprimida".

Llegué a un punto de desesperación extrema. Incluso empecé a sentir bradicardia, que son palpitaciones muy lentas pero intensas en el corazón. En mi peor momento, incluso tomar aire para respirar me agotaba. Estaba desesperada por encontrar una solución, pero la desesperación no es más que el sentido de urgencia en negativo para que algo suceda, más adelante ahondaré en el tema. Sabía que engancharme en la desesperación no me traería ningún resultado bueno, así que un día recordé el gran poder que reside en mí y decidí todos los días **visualizarme** sana, productiva y feliz. Dejé de centrarme en el cansancio, la tristeza, la angustia y la ansiedad que me provocaba toda esta situación y decidí enfocarme en proyectarme sana, en confiar que llegaría a mi vida un médico que supiera exactamente qué me pasaba y que también supiera cómo curarme. Para visualizarme aún más fácil y, de hecho, creérmela (porque no era fácil, estando enferma y derrotada, necesitaba de ciertas herramientas para poder salir del hoyo), me enfocaba todos los días en tres imágenes: una era una chica saludable, sonriente y que se veía llena de vida; la segunda era una madre feliz y sonriente con su hija, sana, fuerte y empoderada y, la tercera, era simplemente una fotografía de mi mayor motivación: mi hija sonriente. Sabía que si me enfocaba en su sonrisa, eso significaría que su mamá pronto estaría fuerte y sana de nuevo.

Así que mi madre y yo continuamos en la lucha, buscando opciones de tratamientos, de médicos, de lo que fuera que se nos pusiera enfrente; estábamos determinadas a salir de este bache. Un buen día, por fin, caí en las manos de un excelente médico, el cual con solo escuchar unos cuantos síntomas de los que yo presentaba, supo casi de inmediato lo que yo tenía y me mandó hacer varios análisis que confirmaron su teoría. Al tener el resultado me dijo: "Paola, tienes hipotiroidismo. Tus glándulas suprarrenales no funcionan bien, no produces cortisona y estás a un paso de la insuficiencia cardiaca, pero no te preocupes, te aseguro que te voy a sacar adelante. Será un proceso largo, pero vas a estar bien". En ese momento respiré agradecida por tener por fin un diagnóstico y, sobre todo, una solución para mi condición. Fueron dos largos años de tratamiento, pero al día de hoy puedo decirles que tengo más energía de la que he tenido en toda mi vida. Estoy segura de que mi visualización creativa fue la que me impulsó a contarme una historia de salud, una historia que me ayudara a enfocarme en la solución y no en el problema y en mejorar mi actitud. Una historia en la que mi enfermedad desaparecería, una historia en la cual mi tratamiento me permitiera volver a estar sana, más fuerte que nunca y sobre todo más empoderada para seguirme demostrando de todo lo que yo soy capaz de lograr. Hoy, estoy en el mejor estado de salud de toda mi vida. El camino no fue ni fácil ni corto, pero lo logré; **lo visualicé,** me comprometí a encontrar una solución para mi enfermedad, actué en consecuencia, luché hasta encontrar una solución y hoy mi meta es una realidad. Aún conservo esas tres imágenes por si en algún momento me siento derrotada o decaída, sé que con el simple hecho de verlas recordaré la importancia que tiene contarme todos los días la historia que me merezco.

"A través del pensamiento, aquello que deseas se acerca a ti. Por la acción, lo recibes"

-WALLACE D. WATTLES

La clave para hacer un tablero de visión que funcione es, número uno, que te llene el alma, que te haga vibrar alto, pero sobre todo que sea la herramienta que refuerce tus deseos todos los días. Aunque parezca obvio, lo más importante para que funcione es que ¡lo uses! Si piensas hacerlo y verlo dos veces al año, te aseguro que serás de los que me escribe para decirme que la ley de atracción no funciona. La ley de atracción es una forma maravillosa para programar tu mente todos los días, puede ser para positivo o negativo, pero invariablemente estarás creando tu futuro. La ley de atracción no es otra cosa más que la **consecuencia** de la historia que decides contarte. Por eso he escrito este capítulo, para compartir contigo cómo es que creo mi vida a partir solamente de contarme una historia de éxito por medio de la visualización.

Para crear tu tablero, piensa en los deseos más grandes de tu corazón y los que, de acuerdo a la historia que quieras contarte, son **realizables,** especialmente si es el primer tablero que estás haciendo. Esto es importante porque, como ya he dicho, te tienes que creer que eres capaz de vivir y alcanzar esos sueños. ¿Qué deseas? ¿Abrir por fin tu negocio y que funcione exitosamente? ¿Un ascenso en el trabajo? ¿Encontrar una pareja? Sé específica y pon fechas, nombres de calles, de países, de ciudades, del puesto de trabajo, del nombre de tu nuevo bebé, ¡de lo que sea! Créalo con los elementos que te muevan, imágenes propias o de internet, un dibujo tuyo, palabras o frases; lo que sea que te hable a ti y solamente a ti. Puedes hacerlo en tu agenda, en un bullet journal, en un pizarrón de corcho, incluso en tu celular o computadora. La clave es que encuentres cinco minutos de tu día única y exclusivamente para usar tu tablero, para que, como decimos en México, puedas decir: "¡Ya me vi!". Para que sientas en tus manos ese cheque que quieres que llegue, para que sientas la salud que tanto anhelas, para que sientas el calor de esa pareja o para que te creas que ya estás en ese nuevo empleo que tanto anhelas, etc.

Ahora, un punto importantísimo a la hora de visualizar es tener la seguridad de que lo que estás viendo en papel ya está en tu vida, pero sobre todo esa confianza de que sucederá.

A lo que me refiero es que, si tienes un **sentido de urgencia** como el que yo tenía cuando deseaba curarme, lo único que estarás haciendo será contarte una historia llena de angustia y desesperación. Recuerda que la manera en la que te sientes dictará la historia que empiece a contarse tu cerebro casi en automático. Al usar tu tablero, identifica el sentimiento que estás experimentando; si ese sentimiento es el sentido de urgencia, lo único que va a suceder es que empezarás a desarrollar ansiedad y hasta cierta incredulidad en que tus imágenes serán una realidad en tu vida. Piensa que lo que estás pidiendo ya te fue entregado en el plano invisible, solo tienes que trabajar por ello y enfocarte para manifestarlo en el plano visible y tangible. Visualiza, eleva tu estado de ánimo y confía en que lograrás ver materializados esos sueños. Así que solo haz tu tablero, úsalo todos los días, créetelo, siente que lo que has pedido ya es tuyo y agradece.

Acabo de repetir la clave de este tablero y de la siguiente herramienta en el párrafo anterior: el agradecimiento.

AGRADECE

Agradecer lo que tienes es una excelente manera de contarte una historia de abundancia. Agradecer lo que aún no tienes, pero sintiendo que ya es tuyo, es aun mejor. Cuando agradeces, te conectas con algo más grande que tú, la energía se eleva y tu estado de ánimo simplemente mejora. Algo que mi madre me enseñó muy bien fue a ser agradecida con todo y con todos, todo el tiempo. Aún en los momentos difíciles, siempre me hacía hincapié en la importancia de agradecer por lo que sí tenía; algo tan valioso como la salud o tener un techo sobre mi cabeza, comida caliente en la cocina, inteligencia y a ella. Así que esta área siempre la he tenido muy desarrollada, porque la practico desde pequeña y es, aunque no lo creas, una de las herramientas que más me ha servido en la vida.

Como ya he mencionado anteriormente, es muy común que desde pequeños tengamos una mala programación mental y, por consiguiente, nos contemos una historia equivocada. Nos hemos acostumbrado a enfocarnos en lo negativo, a quejarnos, a compararnos y, en pocas palabras, a pensar que no somos lo suficientemente buenos o valiosos. Para probar mi punto, solo compara cuántas veces al día te quejas y cuántas veces al día agradeces. Voltea a tu alrededor, simplemente observa lo que tienes en las manos en este momento, ¡un libro! Eso dice muchas cosas: para empezar, que tienes el sentido de la vista, del cual muchísima gente carece; sabes cómo es el mar, conoces los hermosos colores que pintan un atardecer, has visto las estrellas, las flores, la sonrisa de un niño y la mirada amorosa de tu madre; la lista es infinita y es un regalo que no tiene precio. Primera cosa por la cual agradecer. La segunda es que, de hecho, puedes leer; también hay tantas personas a las que se les ha negado adquirir este conocimiento tan valioso, y tú no eres una de ellas, puedes nutrirte todos los días leyendo contenido de valor ¡por el simple hecho de que sabes leer! Si has comprado este libro, quiere decir que tu economía te lo permitía; hay muchísimas personas allá afuera que hoy ni siquiera van a poder llevarse un plato de comida a la boca, pero tú pudiste adquirirlo para poder mejorar tu programación mental. He enlistado solo tres y puedo seguir, pero he probado mi punto; tienes más cosas por las que agradecer de las que crees.

Date cuenta de lo afortunada que eres al día de hoy. No importa qué te falta, lo que realmente importa es lo que sí tienes en la vida. Te aseguro que muchas cosas, a veces las das por sentado y no te detienes a agradecer los grandes regalos que te ha dado la vida. Así que empieza por agradecer el simple hecho de despertar para iniciar un nuevo día, ese ya es un regalo por el cual agradecer; seas religioso o no, ¡practica el agradecimiento con la vida! Eres afortunada de estar viva y de saber que tienes el control absoluto de tu vida para diseñarla como te la mereces, como siempre lo has soñado.

Para mí, este es un hábito diario, por lo tanto, te recomiendo que te hagas de una libreta, o en tu agenda, y uses un pequeño recuadro en el cual **todos los días** tengas un pequeño espacio para, de tu puño y letra, escribir por qué te sientes agradecida hoy. Sin importar si tu día fue un caos, te aseguro que siempre, siempre tendrás algo por lo cual estar agradecida. El hecho de practicar este pequeño ejercicio todos los días del año, forjará en ti aún más el hábito del agradecimiento. Te darás cuenta de que con el paso del tiempo, incluso te faltará espacio para escribir las cosas por las que quieres agradecer en ese día y te harás realmente consciente de que son muchas más de las que puedas enlistar en ese pequeño recuadro.

> "Sentir gratitud y no expresarla es como envolver un regalo y no darlo"
>
> -WILLIAM ARTHUR WARD

Hace un par de meses, un amigo cercano sintió mucha frustración porque un negocio al cual le había puesto muchísimo empeño no se realizó, yo misma fui testigo de todo el proceso. Está de más decir que se sintió enojado, triste, decepcionado y muchas cosas más cuando vio fracasar su proyecto. Sin embargo, él es de los míos, así que practica una filosofía de vida muy similar a la mía. Platicando acerca de esto en una reunión, me dijo que decidió contarse la historia de que todo en esta vida es un aprendizaje y, de hecho, estaba agradecido por esa experiencia, ya que aprendió muchas cosas de sí mismo, de ese negocio en particular y de las personas de las que en ese momento decidió rodearse para hacer un equipo. ¡Todos cometemos errores! Pero cada equivocación nos regala un nuevo aprendizaje y, especialmente la experiencia para triunfar en nuestro próximo proyecto. Es tu decisión engancharte en algo que ya pasó o tomar la experiencia como lo que es, una lección de vida, agradecer que ahora tienes ese conocimiento, y continuar con ánimo. Al día de hoy, mi amigo no se dio por vencido, ¡claro que no! Al contrario, continuó luchando por su sueño y actualmente se encuentra trabajando en un proyecto similar, y esta vez lo está haciendo excelente gracias a la experiencia previa de un fracaso. Aprendió de sus errores. Hoy, tiene un equipo mucho más eficiente y profesional, ha hecho cada paso con mucho más profesionalismo que la primera vez y ha sabido atraer a buenos inversionistas para su proyecto. Esta realidad es una de **las consecuencias de haber decidido agradecer** por una experiencia nefasta en lugar de darle vueltas a lo malo y vibrar bajo. En pocas palabras, quiso ver la otra cara de la moneda y, gracias a esto, confía todavía más en sus capacidades para tomar las mejores decisiones para su negocio.

Así que dentro de esta nueva historia que te vas a contar todos los días, recuerda siempre agradecer, y que incluso es más interesante y gratificante agradecer en un día malo que en un día bueno; de esta manera, te estarás demostrando que eres capaz de ver la luz dentro de la oscuridad. El simple hecho de dar gracias te recordará que las cosas realmente no están tan mal como tú piensas, que van a mejorar y que, sobre todo, tú tienes el poder de hacer que mejoren. Y en un buen día, ¡qué mejor que continuar agradeciendo! Si de por sí tu estado de ánimo ya está elevado, si lo alimentas con un profundo agradecimiento, ¡nadie te podrá parar! También te aseguro que ya has experimentado estas rachas buenas en las que todo va de maravilla y agradeces por tu "suerte", así que siguen llegando cosas buenas casi sin explicación. Pero ¡claro que las hay! El agradecimiento **te impulsa hasta el cielo** y comienzas a vibrar alto, a contarte la historia de que ¡puedes comerte al mundo entero! Y de que te mereces esta situación tan increíble que estás viviendo. Cada vez llegan más y más cosas a tu vida simplemente porque has encendido ese botón en tu cabeza;

el de agradecer por lo que tienes. Este hábito creará en ti una mentalidad abundante y, en lugar de enfocarte en lo negativo, lo harás en lo positivo. Te será más fácil comprender que te mereces vivir en un estado de plenitud interna.

No solo es agradecer al universo, a Dios, a la vida o como quieras llamarle; también es muy importante y sumamente benéfico para ti, el agradecerles a las personas en tu vida que te aman, que te han ayudado e incluso a aquellos que te han lastimado. Como ya dijimos, todo es un aprendizaje, así que si vives la vida desde el agradecimiento, vuelve a leer, si vives tu vida desde el agradecimiento, esto también se convertirá en **un estilo de vida**. Si lo haces a diario, te será mucho más sencillo contarte una historia de realización personal y abundancia todos los días, casi en automático. Así que agradece a aquellas personas que te hayan enseñado algo importante en tu vida. Por ejemplo, es muy probable que la primera persona que se te venga a la cabeza en cuestiones de agradecimiento sea tu madre. Tengas actualmente una buena relación con ella o no, ponte la meta de agradecerle en persona (si aún puedes hacerlo) por todo lo que te ha dado. Incluso si, desde el amor, ella te contó una historia equivocada, recuerda que era su propia historia, probablemente también provocada por alguien más. Eso no quiere decir que no te ame, al contrario, desde su propia historia ella hizo todo lo posible por cuidarte. Así que si puedes, ve a darle un fuerte abrazo y dile: "Te amo, mamá, gracias". Tu vibra y la de ella, o la de cualquier persona la que decidas agradecer, se elevarán. Aun si ella ya no está en el plano físico hazlo, valdrá la pena.

Agradece todo y a todos, lo bueno y lo malo. Recuerda que incluso lo "malo" es tan malo como tú te lo quieras contar. Estás aprendiendo en este libro que tú tienes el poder de decidir qué historia te cuentas en cada situación de tu vida, y también estás aprendiendo a agradecer cualquier escenario que te presente la vida. Recuerda que la vida no es lo que te pasa, si no lo que haces con lo que te pasa. Si lo agradeces, sea bueno o malo, estarás tomando el rumbo correcto en la vida: el de vibrar alto.

"El agradecimiento es la parte principal de un hombre de bien"

- FRANCISCO DE QUEVEDO

Algunas veces, por el orgullo, nos resistimos a aceptar la ayuda de alguien más. ¡No cometas ese error! La vida te está poniendo a alguien que quiere echarte una mano. Ábrete a la abundancia y agradece de antemano cuando se te presenten este tipo de oportunidades. Ya hablamos de los miedos, si sientes temor o rechazo ante alguna persona que solo quiere venir a echarte una mano, ahonda en ello, reflexiona ¡y entiende que mereces abrirte, a decir sí! Agradece también cuando lleguen personas y situaciones buenas a tu vida.

¡Así que sonríe, agradece y vibra alto!

SONRÍE

Al igual que a Gaby, ya nos quedó claro a todas que no somos personajes de una película de cuento de hadas como para despertar cantando y prácticamente salir flotando de la cama. Sin embargo, sea cual sea el estado de ánimo con el que me despierte, invariablemente, sonrío. Así nada más, hago que mi rostro esboce esa mueca, y juro que es como magia. ¡Puedes intentarlo ahora mismo! ¡Solo sonríe! Te aseguro que tu energía se elevó aunque sea un poquito. Muy bien, eso hago todas las mañanas apenas suena mi despertador, y me funciona de maravilla para enviarle a mi cerebro un mensaje que dice: "Todo está bien". Esa sonrisa me cuenta una historia sin palabras, que sencillamente me hace sentir que tengo todo lo que necesito para iniciar mi día.

Cuando decidí empezar a sonreír en las mañanas, estaba en uno de los periodos más oscuros de mi vida. Y me cansé de sufrir tanto. Así que decidí hacer todo lo que estaba en mis manos para, primero, cambiar mi situación desde adentro y después, poder proyectarla hacia afuera. En aquella etapa de mi vida, estaba sumamente deprimida; fue justo después de haber salido de aquel bazar en el cual no vendí una sola pieza, ¿Recuerdas? Me sentía un total fracaso, sin motivación. Empezar mi día en las mañanas se parecía más a una tortura que a lo que realmente era; la oportunidad de hacer que ese día fuera mejor que ayer. Así que empecé por dar el paso más pequeño de todos, sonreír. Las primeras dos semanas tuve que obligarme a hacerlo. Vuelve a leer: **me obligué** a hacerlo porque cada fibra de mi cuerpo en ese momento estaba cargada con negatividad. Sin embargo me conté la historia de que era capaz de cambiar mi vida, me la creí y eventualmente, hice de esa sonrisa un hábito.

> *"La sonrisa es una verdadera fuerza vital, la única capaz de mover lo inconmovible"*
>
> -ORISON SWETT MARDEN

Te aconsejo que lo intentes, incluso si ya eres una "morning person". ¡Hazlo aún con más ganas! Te darás cuenta de lo maravilloso que es decidir cargar tu cuerpo y tu mente de energía, con solo una sonrisa. Por el contrario, si eres un ogro mañanero, y a tu lado el Grinch se ve amable, entonces te reto a hacer de esa sonrisa un hábito. Así tengas que obligarte a sonreír como lo hice yo, hazlo, no tienes nada que perder y mucho que ganar.

CREA UN HÁBITO

Otro de los métodos que utilizo todos los días para contarme una historia de éxito, y sobre todo una historia que me empodere, es formarme un nuevo hábito. Estoy segura de que en este momento de tu vida, hay una o varias cosas, que quisieras mejorar; sea lo que sea, es importante tener constancia y disciplina. En pocas palabras, necesitas convertirlos en hábitos. Dicen por ahí que solo se requieren 21 días para crear un nuevo hábito, o al menos iniciarte en la rutina; así que aunque tengas muchos retos por cumplir, no te abrumes. Empieza por uno solo, pero enfócate en ese hábito en particular. Ese será tu compromiso por los próximos 25 días.

Es muy importante ser específica. No es lo mismo decir :"Voy a correr todos los días" a decir: "Voy a salir a correr todos los días a las 7:00 a.m. por 30 minutos". Con esto, te estás contando una historia muy específica y puntual acerca de lo que estás comprometida a hacer cada día. En promedio tendrás 25 mil mañanas en tu vida, ¡25 mil días! Y solo te estoy pidiendo 25 días seguidos para que puedas desarrollar hábitos que mejoren tu vida. ¿Estás lista para intentarlo?

En tus hojas de actividades de *La historia que te cuentas*, he creado una hoja para que te demuestres que eres capaz de forjarte un nuevo hábito cada 25 días. Encontrarás un espacio para escribir tu nuevo hábito y 25 relucientes recuadros, los cuales irás marcando día tras día para demostrarte que estás en control de tu vida, empezando por este nuevo hábito. Cuando mides tu progreso, será muchísimo más fácil motivarte con estos indicadores, porque sabrás que lo que estás haciendo está funcionando. Puedes imprimir tantos como quieras, pero te recomiendo hacer un hábito a la vez.

Este será solo el comienzo de tu nueva historia; aquí te demostrarás claramente si te estás contando la historia que dice: "yo puedo" o una historia llena de excusas como "qué flojera", "no tengo tiempo", "hace mucho frío", "me duele la uña", etc. Un buen consejo para mantenerte motivada en tu nuevo hábito es colocar una imagen relacionada con este en tu nuevo tablero de visión, por ejemplo: alguien corriendo; esta nueva meta estará tan presente en tu vida, que tendrás muchas herramientas para motivarte a cumplirla, incluso abajo puedes poner una frase como "¡Hoy corro!". Cuéntate la historia de que vas a cumplirlo desde la noche anterior, deja lista tu ropa, tus tenis y absolutamente todo lo que necesites para salir a correr, o lo que sea que requiera tu nuevo hábito.

Otro excelente consejo que puedo darte para que tengas éxito en tu nuevo hábito es **hacerlo tuyo,** ¿qué música te gustaría escuchar mientras vas corriendo? ¿Te gustaría hacerlo por la mañana o por la tarde? ¿Quieres hacerlo sola o acompañada? Etc, etc. Lo importante es que lo integres a tu vida, que se convierta en una rutina tan tuya, tan personal, que sea sobre todo una experiencia diaria que disfrutes y que eventualmente sea parte de ti.

"*Siembra actos y recogerás hábitos; siembra hábitos y recogerás carácter; siembra carácter y recogerás destino*"

-CHARLES READE

La meta es que cumplas con tu hábito por los siguientes 21 días, pero recuerda que en tus hojas de actividades te he dejado cuatro recuadros extras. Esto tiene dos fines, 1) demostrarte que puedes hacerlo por más de 21 días, y 2) demostrarte también que se vale fallar de vez en cuando, repito, ¡de vez en cuando! Si fallas algún día, esto no quiere decir que tu hábito ya no va a funcionar. Claro que no. Recuerda que todo depende de la historia que te cuentes, por ejemplo: "Muy bien, hoy fallé, pero mañana y los días que me faltan continuaré forjando este nuevo hábito". Y así continúas sin juzgarte en exceso y sin contarte una historia en la cual crees que no vas a lograrlo.

Celebra tus logros. Si llevas 10 días seguidos cumpliendo, ¡prémiate al ver el progreso en tu hoja! (O en donde sea que lleves el registro de tu hábito). De esta manera te estarás reforzando la historia de que eres capaz de hacer lo que quieras; dejar el cigarro, comer más saludable, empezar a escribir ese libro, iniciar tu nuevo proyecto, etc. Ahí, en esos recuadros marcados uno detrás de otro, está la prueba física de que eres capaz. Cada vez que dudes de ti, vuelve a esa página y cuéntate la historia de que tienes el control de tu vida y puedes lograr cualquier cosa que te propongas. Al medirlo, te estás reforzando esa magnífica historia de "yo puedo", ¡claro que puedes!

Así que lleva un buen control de tus hábitos, comprométete contigo misma a cumplir tu meta y, cada vez que quieras rendirte o cuando te cuentes la historia de que no puedes, solo recuerda que eres capaz de tener control sobre ti y de mostrar tu fuerza de voluntad por 25 días de los 25 mil que tendrás en tu vida. Eres capaz. Siéntelo y demuéstratelo.

SIENTE

Cuando sientes, automáticamente te cuentas una historia relacionada con tu sentimiento; ya sea bueno o malo, instintivamente empiezas a pensar, y esa vocecita comienza a contarte las historias que produce ese sentir. Para los que me conocen, sabrán que soy una mujer muy sensible, pero también de carácter fuerte y decidido, y saben que haré lo que sea por ser feliz, por entender que puedo ser **yo** la que controle mis sentimientos y no ellos a mí. Para controlar los sentimientos, primero debes controlar lo que piensas.

Como comenté, el motivo principal para escribir este libro es para dar respuesta a tantos mensajes que ustedes me envían. Cuando me cuentan historias de su vida, sus palabras vienen acompañadas de sentimientos muy profundos, ya sea de alegría o de tristeza. Por ejemplo cuando me escriben para decirme que su tablero de visión está funcionando, me envían la foto de su tablero y luego otra de la manifestación en cuestión, ¡he recibido de todo! Fotos de viajes que jamás pensaron realizar, su nueva casa, una chica con su nueva moto, un trabajo cumplido y hasta un bebé. Todos esos mensajes vienen cargados de energía positiva y me contagian de ese sentimiento. *Me cuentan una historia de empoderamiento, de esperanza y alegría.* Mismo caso con las cartas en las que me cuentan que se encuentran en un momento triste de sus vidas; ya sea que su economía va mal, que tienen problemas de pareja, o en general, cuando me dicen que están pasando por una depresión muy fuerte. En este caso, *me cuentan una historia de soledad, dolor y frustración.*

En ambas situaciones, quienes me contactan *se dejan llevar por ese sentimiento.* El dejarte llevar por un sentimiento de alegría no es malo, ¡para nada! El problema es que no lo estás controlando; le estás permitiendo que éste te controle, en lugar de que seas tú quien lo controla a él, y dejas que la historia se vuelva una espiral, para bien o para mal, pero lo haces dejándote llevar y no **decidiendo controlar** conscientemente la manera en la que te sientes. Recuerda que cualquier cosa en la que enfoques tu energía y tus sentimientos, crecerá. Te aseguro que eres capaz de mantener cualquier sentimiento que decidas solo con intentarlo conscientemente. Claro, si eres tú quien controla la manera en la que te sientes y no al revés.

Los sentimientos no son más que respuestas químicas de tu cerebro ante diferentes pensamientos; así que aunque en este momento estés pasando por alguna situación "difícil" en tu vida, tienes el poder de cambiarlo todo. Todo. Y pongo la palabra "difícil" entre comillas porque aunque suene a cliché, todo depende del cristal con el que lo mires. Date cuenta, enfócate en tu sentir y decide controlarlo. Cuéntate la historia de que esta es solo una etapa, que no será para siempre, y que desde hoy, tú decides impedir que te siga afectando. Sobre todo, grábate en la cabeza que tienes el poder de cambiarla. Pon tus manos sobre tu pecho, **¿sientes eso?** ¡Estás viva! Y mientras lo estés, tienes absolutamente todo el poder de cambiar cualquier cosa a tu alrededor, de enfocarte en lo positivo, de empoderarte y de cansarte de sufrir. Siente esos latidos, siente todo aquello de lo que eres capaz. Sé que puedes sentir esa fuerza interna, ¡sácala! ¡Úsala a tu favor y no en tu contra!

"Ver es creer, pero sentir es estar seguro"

-JOHN RAY

En uno de mis videos, les contaba uno de mis mejores tips para subirme el ánimo al instante y de hecho, controlar la manera en la que me siento; esta es una de mis mejores armas para vivir mi día positivamente. Lo realizo en mi rutina matutina y consiste simple y sencillamente en cerrar los ojos, llevarme las manos al pecho y decir con mucha emoción ¡Sí, sí, sí, sí, sí! ¿De qué me emociono?, ¡no lo sé!, ¡pero lo hago y mucho! ¡Ahí sí me parezco un poco a Blancanieves! En cuanto termino esta pequeña meditación, siento que puedo comerme al mundo entero, ¿y qué creen? ¡Lo hago!

Este es uno de mis tips más "simpáticos". A mis seguidores les ha causado mucha gracia el hecho de escuchar este consejo, pero después, cuando lo practican, me escriben felices diciéndome: "¡Pao, sí funciona!". ¡Pero claro que sí! La razón es porque están controlando y **provocando conscientemente** ese nivel de emoción, de felicidad y de fe. Inténtalo ahora mismo. Cierra los ojos, lleva las manos al corazón y solo empieza a elevar tu sentir mientras dices: "¡Sí, sí, sí, sí, sí!", Llénate el pecho de felicidad, ¡solo porque sí! Eleva tu vibra y date cuenta con este sencillo ejercicio, lo que acabas de hacer: controlaste y decidiste manipular la forma en la que te sientes.

En caso de que te cueste un poco, imagina que sucedió lo que más deseas. En este momento de meditación no hay imposibles, solo créelo por un momento, cuéntate esa historia y siéntela. Esos segundos son tuyos, te los mereces, así como mereces sentirte así de feliz todos los días. Y, ¿adivina qué? Puedes hacerlo, solo tienes que integrar esta meditación diaria a tu rutina. Solo practícala, este puede ser también uno de tus nuevos hábitos.

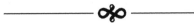

> *"Cuando la consciencia es llevada a la emoción, el poder es llevado a tu vida"*
>
> -TARA MEYER ROBSON

En mi video de los 17 segundos, les explico mi técnica para sentir una felicidad plena y extrema mínimo por 17 segundos todos los días. Esta, es mi mejor forma de meditar, orar, y sobre todo de sentir; ahí es donde integro mi "¡Sí, sí, sí, sí, sí!". Cada día, solo son 17 segundos que han llegado a ser 68, para programarme vibrar en alto desde la mañana; se trata de mantener ese nivel de felicidad y agradecimiento por hasta 68 segundos. Empieza con 17, y cuando los domines, suma otros 17 segundos más, y así hasta llegar a un máximo de 68. Sin importar si estoy enferma, con frío, con cólico, cansada, queriendo ahorcar a alguien o lo que sea, lo hago. Es magia; en segundos toda situación mejora. En silencio, medito, siento y me la creo; es parte de mi estilo de vida, es mi forma de recargarme de energía positiva día con día, de decidir estar en control de mi ser, de "tomar el toro por los cuernos" todas las mañanas. Funciona. ¡Practícalo y escríbeme tus resultados!

DECRETA

Otro tema del cual podría escribir un libro entero. Me apasiono tanto cuando diseño mis decretos ¡porque estos se cumplen! Así que intento ser lo más específica, certera y práctica posible en mis decretos. En mis videos, les he dado cientos de ejemplos acerca de mis decretos y de los decretos de ustedes mismos, es igual que la visualización: son como magia.

¿Te ha pasado que en algún momento dices algo como "pediré ese aumento de sueldo, pero estoy segura de que no me lo van a dar" y, efectivamente, no te lo dan? Lo más cómico es que seguro dices: "¿Ya ves? ¡Ya lo sabía!". En realidad, no lo sabías, **¡lo decretaste!** ¡Tú solita! Lo peor (¿o lo mejor?) de todo es que pudiste haber decretado exactamente lo contrario. Realmente, has ido aprendiendo cómo hacerlo a lo largo de este libro; porque te aseguro que ya has comenzado a contarte todos los días una historia de éxito, y que ya tienes metas escritas en tus hojas de actividades. Ahora esas mismas las vas a transformar en poderosos decretos, mismos que te contarán una historia de abundancia con fecha y hora, con nombre y apellido y sobre todo, serán decretos que eleven tu energía cada día para que salgas a vivir tu día convencida de que ¡puedes comerte al mundo entero!

En el primer capítulo dominamos tus miedos convirtiéndolos en metas. Ahora, ha llegado el momento de convertir esas metas en decretos. Un ejemplo que utilicé fue:

Meta: "Tener un empleo que me llene en todos los sentidos"

Esa meta ahora será un decreto. Transformarás tus miedos en una oración que de hecho, cambiará tu vida para bien, para que sea como la has soñado. El primer paso, y de preferencia, es hablar siempre en presente. Cuando vayas a escribir un nuevo decreto, hazlo en presente para enviarle a tu cerebro un mensaje de que "ya está sucediendo, ya está aquí" cada que lo digas, y no uno en el futuro, ya que eso te contará la historia de que aún no ha llegado y no es seguro que lo haga. Por ejemplo:

"Tengo un empleo que me encanta y me llena en todos los sentidos".

Qué diferencia solo al decirlo, ¿cierto? Es excelente tener metas y un plan para lograrlas. ¡Qué digo bueno! Es básico para diseñar tu vida; pero al decretar que las cosas ya sucedieron, tienes el 50% del camino avanzado **porque te la crees,** sientes y visualizas, con la oración que tú misma diseñaste, realmente crees que tu deseo ya es una realidad. Acabo de repetir por milésima vez en este libro, la palabra "crees", y esa es una de las más poderosas a la hora de diseñar un decreto. Si no causa efecto en ti, si no lo crees posible, entonces no sirve; te tiene que mover, que motivar, que llenar el alma entera, hacer que el pecho se te llene de ilusión, si no, por más que lo repitas como perico por un año entero, te aseguro que muy pocas cosas van a suceder. Tienes que **sentir** algo cuando lo dices. Entonces, ¿qué tal un decreto aún mejor?

"¡Tengo un empleo que amo, que me paga bien, cada día soy mejor en él y me llena en todos los sentidos!".

Compara este último decreto con la meta; te llena más, ¿verdad? Yo sé que sí. Todo esto se basa en **diseñar tu vida** como te la mereces, como quieres que sea, aun si las cosas ahora mismo no se parecen en nada a lo que quieres lograr, solo recuerda a la mujer que escribe este libro: en cuestión de cinco años he cambiado mi vida por completo, solo contándome una historia hermosa todos los días, repitiendo mis decretos como mantras cada mañana, sintiendo que ya son una realidad.

Hace cinco años me permití creer y confiar en que llegaría a tener libertad financiera. Me di el permiso de creer en mí cuando estaba prácticamente en bancarrota y dependiendo de la bondad y ayuda de mi madre. No tenía un peso en el banco, mi esposo nos había abandonado y yo estaba enferma, pero me la creí. Hoy tengo más de lo que soñé: empezando por ustedes, recuperé mi salud, estoy a punto de casarme con un hombre maravilloso y tengo libertad financiera. Así que por favor, date el permiso de creértela como lo hice yo, así hoy te encuentres en una situación totalmente diferente, date el permiso, te lo debes y te lo mereces.

Otro dato importantísimo para los decretos es hacerlo en positivo; si decides decretar "no tengo deudas", lamento decirte que luego me escribirás para decirme que los decretos no funcionan y que tienes más deudas ahora. La razón de esto es porque tu cerebro no conoce el "NO". Si diseñas tu decreto en negativo, estarás programándote hacia la acción de "tengo deudas" y, te aseguro que es lo que menos quieres. Así que siempre, siempre crea tus decretos en positivo; cualquier decreto debe ir en la dirección de lo que sí quieres, no de lo que no quieres. Por ejemplo, puedes decir:

- *"¡Tengo libertad financiera!"*.

- *"¡Tengo un balance positivo en mi cuenta de banco!"*.

- *"¡Tengo más dinero del que siempre soñé!"*.

Todos son decretos positivos que no se enfocan en no tener deudas, sino en lo opuesto, en lo que sí quieres, que es libertad financiera, abundancia, riqueza, etc.

Con respecto a los decretos, constantemente me llegan mensajes de ustedes con la misma pregunta: "¿Puedo atraer a alguien en específico?" o "¿Puedo decretar por alguien?". La respuesta es no. Recuerda que estás diseñando **tu** vida, no la de alguien más; por mucho que quieras que tu hermana deje de fumar, no va a suceder si ella no decide contarse la historia de que es capaz de hacerlo y ella misma diseña sus decretos. No te desgastes en querer manipular o diseñar la vida de otra persona. Si te das cuenta de que tienes una especie de obsesión con lo que quieres que haga o deje de hacer cierta persona, analiza por favor qué historia te estás contando para querer manipular sus propias decisiones. Grábate bien en la cabeza que la única vida que puedes diseñar a tu antojo **es la tuya**. Claro que puedes pedir a Dios, al universo, a la vida o como quieras llamarle por esa persona, pero no puedes crear algo por ellos; cada cabeza es un mundo y cada persona se cuenta la historia que sabe contarse, que quiere contarse. Si quieres que ellos tomen el control de sus vidas, ¡regálales este libro!

Otra pregunta sumamente común: "Pao, ¿puedo decretar para atraer a mi ex?". Creo que ya saben la respuesta, pero solo por si acaso, la diré sutilmente… ¡claro que no! Entiendo que puedas extrañarlo, pero si terminaron fue por algo, y si tú sigues pensando en la idea de volver, quiere decir que te sigues contando una historia errónea. Vuelve a leer el segmento de "Tu historia y tu pareja" hasta que te quede claro que mereces ser feliz con una pareja que en realidad sea la persona adecuada para ti, y deja de contarte la historia de que sin él no puedes vivir. Lo que sí puedes hacer si quieres una vida feliz en pareja, es hacer un decreto como este:

"Hoy tengo una pareja que me ama y me llena tanto como yo a él. Tenemos una relación sana basada en el amor y el respeto y cada día somos más felices".

Es tan maravilloso lo que puede atraerse con este tipo de decretos, ¡incluso a alguien mil veces mejor que tu ex! Sí, sí existe y es perfecto para ti. Así que si estás aferrada a volver con alguien con quien las cosas no funcionaron, deja el sentido de urgencia del lado y céntrate en lo que sí quieres para tu vida. No te estoy diciendo que esa persona no pueda ser justamente tu ex, lo que te estoy diciendo es que te concentres en las emociones que quieres tener en tu vida con una pareja, en lo que te llene, en lo que mereces, no en una persona en específico. La vida te puede sorprender gratamente si te enfocas en sentir lo que decretas en lugar de aferrarte con sentido de urgencia al pasado.

Ahora, estamos hablando de los decretos conscientes que vas a diseñar y que te ayudarán a enfocarte y programarte en positivo todos los días, pero hay otros igual de importantes: los inconscientes. Te aseguro que a partir de lo que has aprendido o recordado con este libro, te observas más en tu día a día, porque decretas automáticamente todo el tiempo. Por ejemplo, en el supermercado: "esto está carísimo". Con esa pequeñísima frase, te acabas de contar mil historias de carencia, de negatividad, de que no tienes, de que no hay, de que las cosas van mal, y un largo etcétera. ¿Tú crees que a alguien con mucho dinero le parecería caro? No, porque tiene la confianza de poder pagarlo, porque le sobra. Y aunque en este momento para ti, ese precio representa algo elevado, no lo hagas tan dramático. Cambia tu chip y mejor piensa "Muy bien, es un precio justo, lo vale". Ojo, no te estoy diciendo que compres el artículo en cuestión, ¡te estoy diciendo que no "te pelees" con un número! Porque al hacerlo, te estás contando en la vida diaria que no tienes suficiente, que hay carencia, y te aseguro que quieres lo opuesto en tu vida. Entonces, empieza por ahí.

Utilizo mucho el ejemplo del dinero porque, como ya sabemos, es muy común el estar predispuestos a pensar desde la pobreza o la carencia porque sencillamente eso fue lo que nos enseñaron. Hace cinco años, jamás pensé que tendría el dinero suficiente para invertir una cantidad fuerte en el negocio de un amigo, y hace un año lo hice. Claro que no me cayó el dinero del cielo solo por decretar, por supuesto que no, llegó a mí porque trabajé hasta el cansancio para mejorar mi situación. Pero en definitiva, mis decretos me ayudaron a centrarme en la abundancia, a creerme capaz, a aceptar el reto de demostrarme a mí misma que podía lograrlo y, sobre todo, a sentirlos llenándome el corazón de alegría con solo decirlos.

Así que vuelve a repasar esas metas y ahora conviértelas en tus propios decretos. Yo no puedo diseñarlos por ti, tú y solo tú conoces las palabras adecuadas que te elevan y te hacen sentir con cada fibra de tu ser. Un decreto no sirve absolutamente de nada si no lo sientes, así que ve a tus hojas de actividades de La historia que te cuentas, a tu celular, a tu diario o a donde desees, para diseñar esos decretos nuevos. Si descargaste las hojas de actividades, encontrarás el primer decreto escrito por mí, porque seas quien seas, te mereces decretar todas las mañanas:

"Soy un ser infinitamente creativo, soy brillante y absolutamente capaz de lograr cualquier cosa que me proponga".

Es posible que estés pensando: "Pao, me cuesta mucho trabajo decretar tal o cual cosa, ¿qué puedo hacer en ese caso?". Muy sencillo, diseña un decreto en el que sí puedas creer, que sea cómodo para ti, que sea el primer paso para comenzar a contarte una historia nueva. Por ejemplo, si necesitas bajar varios kilos y te cuesta decretar que ya estás en tu peso ideal, entonces decreta algo como esto:

"Estoy en proceso de bajar de peso, cada día es más fácil para mí tener un estilo de vida saludable".

Al incluir en tu decreto la frase **"estoy en proceso"**, te estás contando que ya vas por ese camino, que ya estás ahí. Es un decreto bien diseñado porque está escrito en presente, en primera persona y en positivo y, lo mejor de todo, te cuenta la historia de que ya iniciaste. ¿Ves? ¡Es fácil! Solo crea decretos que te llenen, que los sientas realizables y que te alegren con solo decirlos. Léelos todos los días, en el momento adecuado para ti. De preferencia, después de usar tu tablero de visión, úsalos para programarte en abundancia, en positivo, en lo que mereces. Hazlo por un mínimo de seis meses, ¡y después me cuentas la magia que has manifestado en tu vida!

Tanto en tus descargables, como en mi canal de YouTube, encontrarás mi video de *Palabras poderosas* y, otro más llamado *Frases poderosas*. Siéntete en total libertad de utilizarlos en tus decretos e inspirarte en ellos para diseñar aquellas frases que te ayuden a creer que la vida que deseas ya es una realidad.

MEDITA

Elsa, una gran amiga y socia, medita absolutamente todos los días de su vida. Como yo, es madre, esposa, hija, amiga, empresaria y una mujer exitosa. Con tantas cosas sobre su plato, su vida está llena de retos en cada aspecto de su vida, pero ella logra manejarlos con una gracia sorprendente. Siempre tiene la disposición de ayudar a los demás y de salir adelante, y le atribuye gran parte de su paz interior a la meditación. Ella es una gran devota de la fe católica y vive su vida feliz y plena. Ella describe su oración diaria como su alimento, como lo que la ayuda a transmitir a los demás tranquilidad, esperanza, alegría, paz y coherencia, y realmente es así. Seas religiosa o no, encontrar un momento de paz espiritual en tu día, te ayudará enormemente a contarte la historia que anhelas vivir. Puedes hacerlo al iniciar el día, al final como una reflexión, o ambas. Independientemente, te sugiero que lo hagas.

"No nos sentamos en meditación para convertirnos en buenos meditadores, sino para estar más despiertos en nuestra vida cotidiana"

-Pema Chodron

La meditación es un hábito común entre las personas más exitosas en este mundo; desde los más grandes millonarios, líderes motivacionales, figuras públicas y personajes religiosos. Y no es coincidencia, realmente la meditación surte un efecto poderoso en la historia que te cuentas. Te programa hacia lo positivo, te centra. No necesitas hacerlo desde alguna religión si no la practicas o no lo deseas; se trata de llevarte al punto de total paz interior y de confiar, sentir y relajarte profundamente mientras estás inmersa en la meditación que hayas elegido. Son esos minutos de silencio, tranquilidad y soledad, los que me ayudan a reforzar aún más todas y cada una de las herramientas anteriores.

Hoy en día es tan sencillo meditar con la ayuda de aplicaciones, videos en internet, podcast, música relajante, lo que sea. Al practicarla, obtendrás grandes beneficios tanto a nivel físico como emocional. Si sufres de ansiedad, esta bajará poco a poco y podrás concentrarte mejor, el estrés también se reducirá, y en general, al hacerlo, te estarás contando la historia de que estás en control de ti misma, de tus emociones y de tus pensamientos. Es una excelente manera de contarte una historia de paz sin palabras.

Podría recomendarles un sinfín de meditaciones, pero siento que es una práctica tan personal que lo mejor es que cada quien elija la que más le ayude y le haga sentir y, para eso hay que probar. Yo hago varias al mes, y les he compartido algunas en el canal, pero, definitivamente, una de las que más me ayuda es simplemente cerrar los ojos, escuchar la pieza Canon de Pachelbel y solo sentir cada nota. La pieza es bellísima, y desde la primera vez que la escuché a los siete años, tuvo el poder de llevarme a un estado de plenitud indescriptible; la he escuchado en momentos sumamente felices de mi vida, como la primera vez que estuve en Roma, por las carreteras de Austria, y una de las primeras veces que tuve a mi hija en brazos. Es como si fuera un álbum de sentimientos de plenitud que vuelven a mí con solo escucharla. Cuando termino de sentirla, me encuentro en uno de los estados más plenos de mi día. Es una meditación sencilla que se basa **en sentir**, y me funciona de maravilla.

Sin embargo, hay miles de opciones. El ASMR (Autonomus Sensory Meridian Response, por sus siglas en inglés) se ha puesto de moda últimamente en las redes sociales, y como es de esperarse, yo tenía que hacer mi propia versión de "ASMR para el éxito". Así que en un par de videos, repito decretos en voz baja en forma de meditación. Basta leer sus comentarios para saber que muchos lo utilizan para dormir y despiertan recargados de energía. Básicamente, se durmieron meditando, contándose una historia de éxito. Si te cuesta trabajo dejar de pensar en las miles de cosas que sucedieron en tu día, te recomiendo buscar meditaciones guiadas como las mías para poder empezar el hábito, después lo harás sola.

Otra de mis meditaciones favoritas es el *mindfulness*, que no es más que una meditación activa que te ancla en el aquí y el ahora. Mi día en general es tan ocupado y lleno de pendientes y compromisos, que si no elijo conscientemente hacer meditaciones activas, podría pasarme el día entero frente a la computadora; y no, me niego, no vine a este mundo a vivir así. Por lo que decido contarme la historia de que merezco vivir mi día produciendo, sí; pero también sintiendo y disfrutando, y es por eso que practico en medio de esos días de caos el *mindfulness*. Esto consiste en estar consciente y presente únicamente en lo que estás haciendo en ese momento. Es tan sencillo como realmente disfrutar ese plato de comida que estás por probar en lugar de estar comiendo en automático pensando en lo próximo que tienes que hacer; regálate unos minutos y pruébalo de verdad. ¿A qué huele? ¿Qué sabores tiene? ¿Cuál es su temperatura? Respira y siente, solo unos minutos al día. Uno de mis momentos favoritos de *mindfulness* en el día es realmente abrazar a mi hija Sofía; sentirla, aceptar todo su amor en ese pequeño abrazo, besar su mejilla y decirle cuánto la amo. Lo hago todos los días y es de los mejores momentos de mi día. Es como volver a ser un niño de nuevo, experimentas todo con ese sentido de asombro que vamos perdiendo poco a poco gracias a la velocidad que llevan nuestras vidas y a que nos encontramos distraídos. Es, en pocas palabras, la mejor manera que tengo en el día a día de contarme una historia de plenitud.

Por último, uno de mis mejores tips para practicar el *mindfulness,* es activarte. Cuando por la mañana, hago algunos estiramientos de yoga, estoy cien por ciento presente en mi práctica, concentrada en mi respiración, conectando con mi cuerpo y sin pensar en nada más. Alargo y estiro mi cuerpo a conciencia, hasta sentir que cada dedo de la mano se ha extendido. Conecto, me activo y estoy presente. No permito que ningún pensamiento me cuente la historia de todo lo que tengo que hacer en mi día, solo siento y me dejo llevar por el momento presente, y eso termina de llenarme de energía para iniciar mi día. Sea como sea, realmente te recomiendo que te des permiso de disfrutar los pequeños grandes placeres de la vida, intenta este tipo de meditación activa, practícala y cuéntame sus resultados, es otra herramienta más que funciona como magia.

MI PEQUEÑO SECRETO

El ser humano tiene una necesidad nata de "ver para creer". Obviamente, si tú ves algo frente a tus ojos, quiere decir que es real, que existe. Pero, ¿qué pasa si quieres creer que existe algo dentro de ti, un "superpoder", pero no lo ves? ¿Qué tal si deseas con todo tu ser mirarte al espejo y ver a ese ser humano mucho más seguro de sí mismo? Pero por más que lo buscas se esconde. Tal vez quieras verte como una excelente negociadora, alguien que no le teme a nada, o tal vez como una mujer que no se deja pisotear en su trabajo y que se defiende. En pocas palabras ver YA a esa mejor versión de ti. ¿Y qué pasa si te dices que no eres esa persona aún por las historias que te has contado toda tu vida? ¿Cómo puedes lograr obtener esos "superpoderes" de un día para otro?, realmente es muy fácil. Con un alter ego.

Antes de comenzar a contarte la técnica que yo utilizo para crear estos superpoderes (que ya viven dentro de mí, pero que me cuesta a veces recordarlos), quiero dejarte muy claro que esta estrategia la he desarrollado para mi propio beneficio, y es una técnica 100% controlada y consciente para mejorar tu vida. Te lo cuento porque en psicología, el alter ego puede ser un trastorno de la personalidad, especialmente cuando la persona se disocia de ella misma para encarnar a su alter ego. En este caso no es así; cada vez que yo me refiero a tu alter ego en esta sección, me refiero única y exclusivamente a sacar a flote a la mejor versión de ti. A la que ya vive en ti, pero que, justamente por las historias que te has estado contando durante toda tu vida, aún no ha salido completamente a la luz.

Tú sabes que tienes capacidades magníficas y extraordinarias que son más que suficientes para ayudarte a alcanzar la vida que te mereces. Entonces, ¿por qué no eres aún la mejor versión de ti si YA tienes todo para serlo? Tal vez porque aún no la has visto en acción. Bueno, ¡vamos a solucionarlo! Ver para creer, ¿verdad?

Para esta actividad en particular, tu alter ego es y será siempre la mejor versión de ti. **Eres tú misma**, pero sin prejuicios, ataduras, y sobre todo eres tú, contándote las historias adecuadas para tu vida. Siempre eres esa persona que quieres ser justo el día de hoy.

"La última meta del ego no es ver algo, sino ser algo"
—MUHAMMAD IQBAL

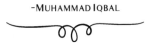

Para comenzar a diseñar a tu alter ego, es necesario darle un propósito para su existencia. ¿En qué quieres que te ayude tu alter ego?, ¿qué puede hacer que tú aún no puedes?, ¿cuál es ese superpoder que tiene tu alter ego y que tú quieres desarrollar?

Tal vez sueles procrastinar mucho y tu alter ego, tu mejor versión, jamás procrastina y termina sus proyectos. O tal vez no soportas la idea de vender algo, pero tienes muchísimas ganas de iniciar un negocio; bueno, aquí es donde tu alter ego te ayuda. Son excelentes negociantes, tienen un carisma impresionante y son expertos en los negocios.

Estoy segura que, para cuando este libro esté en tus manos, ya habrás conocido en alguno de mis videos a mi alter ego, Greta del Moral. Greta es Paola Herrera en su mejor versión. Tiene una fuerza y una determinación inigualables, nada ni nadie la detiene, tiene un corazón de oro, logra el equilibrio en su vida; en pocas palabras, es una mujer abundante y plena en todos los sentidos. Greta fue quien me ayudó en mis inicios como vendedora (de lo que fuera). Cuando por fin recurría a ella, ya no había marcha atrás. Cuando soy ella, nada ni nadie puede decirle que no; especialmente yo, jamás le diría que no a Greta. Por lo tanto, la traigo a mi vida específicamente en aquellos momentos en los que dudo de mí, de mis capacidades y de mi habilidad para lograr ciertas cosas, ya sea en mi vida personal o profesional. Cuando me siento estancada única y exclusivamente por dudar de mí, llamo a Greta, y es como convertirme en un pavo real. Greta saca lo mejor de mí y me hace sentir abundante, principalmente en la energía positiva de mis pensamientos y mis sentimientos.

Dentro del material para descargar, se encuentra el apartado de "Mi alter ego". Por favor, toma esa hoja y una pluma y empieza a crear la mejor versión de ti. ¿Cómo se viste?, ¿cómo camina?, ¿cómo habla?, ¿cómo es su personalidad?, ¿a qué se dedica?, ¿cuál es su pasado?, ¿cuál es su presente?, ¿qué es lo que la ha llevado al éxito total?, ¿cuáles son esas habilidades que la han llevado adonde se encuentra el día de hoy? Y sobre todo, la pregunta más importante: ¿cómo se siente? La idea es que logres **conectar** con esa plenitud y esa felicidad que te mereces.

Como ejemplo, Greta del Moral se basta y se sobra ella sola para ser feliz, se ama, se respeta y se honra tal cual es. No depende absolutamente de nadie para ser feliz, porque sabe que su felicidad vive dentro de ella porque todos los días decide crearla con sus pensamientos, sus acciones y sus sentimientos.

Nació en una familia sumamente humilde, y desde pequeña supo que estaba destinada a lograr cualquier cosa que se propusiera, tan solo si se enfocaba y lo hacía por ella, por nadie más. Desde muy temprana edad, comenzó a trabajar y a desarrollar grandes habilidades para los negocios y aprendió a forjar relaciones de calidad prácticamente con cualquier persona que conociera. Con el tiempo, logró estudiar y nunca dejó de trabajar. Creó su primer negocio oficial a los diecinueve años, y actualmente es dueña de diez empresas y su fortuna es de varios millones de dólares. Es conferencista internacional y se dedica a empoderar a las mujeres alrededor del mundo. En su vida personal es plena; está casada con un hombre maravilloso, tiene dos hijas. Lo que más valora es pasar tiempo de calidad con su familia, siempre, siendo feliz por el simple hecho de ser ella y poderlo compartir con las personas que más ama.

Es muy sociable, desinhibida, exuda confianza sin ser pedante, tiene una sonrisa encantadora, le apasiona y disfruta luchar por cualquier meta que se proponga, y como todo lo que hace, lo hace desde el amor. Disfruta cada momento de su proceso y, por ende, de su vida. Su objetivo principal no son los bienes materiales (¡aunque es muy adinerada!), sino crear cada día dentro de ella esa luz que emana paz, plenitud y amor, primero a ella y después a todos los que la rodean. ¡Ama SER, ama SENTIRSE VIVA!

Es muy importante que quede claro que Greta del Moral está muy lejos de ser una mujer perfecta. Si yo la hubiera creado perfecta y casi casi inalcanzable, estaría cometiendo un error, ya que te recuerdo que esto se trata de desarrollar mi mejor versión, no un imposible. Se trata de que el alter ego te empodere, no que te haga sentir que jamás vas a llegar a ser como ella. Así que, teniendo en cuenta que tu alter ego siempre es y será la mejor versión de ti, recuerda que como tú, tendrá defectos, ¡y eso está bien! Así que cuando estés desarrollando a tu alter ego, recuerda que será alguien en quien genuinamente te puedes llegar a convertir y que, cuando eres ella, es normal seguir con algunos defectos porque eres tú misma.

Cuando me ven en mis videos, quizás puedan pensar que todo el tiempo soy la mujer más segura de sí misma, que no padezco de ansiedad, de nervios, etc. No, nada más alejado de la realidad; soy un ser humano como cualquiera y, cuando llega "la hora de la verdad" al cerrar algún negocio, algún asunto importante que iniciar o terminar, etc., recurro a la fortaleza tan grande que me da Greta para impedir que mis propias inseguridades y las historias que me cuento me hagan ruido en la cabeza. Lo que te estoy diciendo es que Greta del Moral se hace presente en mi cabeza para contarme las más poderosas historias de éxito que necesito escuchar justamente en ese momento. ¿Y qué crees? Se sale con la suya, porque me empodera, me contagia de ese entusiasmo y esa seguridad que la caracterizan, y en ese momento, estoy "en la cima del mundo" gracias a ella.

Ojo, te recuerdo que Greta ¡soy yo misma! Ella es la mejor versión de mí, que sale a la superficie para venir a contarme las más hermosas historias de abundancia y plenitud.

Así que ahora te toca ti. Empieza escribir la historia de principio a fin, de ese alter ego que va a empezar a presentarse en tu vida en aquellas situaciones en las que te dé miedo tomar alguna decisión importante o cuando sientas que ya no puedes más. ¿Cómo reaccionaría ella?, ¿se dejaría pisotear por alguna pareja abusiva? No lo creo. ¿Dudaría de ella a la hora de iniciar un nuevo negocio? Lo dudo mucho. Estoy segura de que ese alter ego tuyo tendría tanta confianza en sí misma, se contaría las historias exactas que tú necesitas oír, para empoderarte, sacar esa fuerza que ya vive en ti y utilizarla a tu favor para salir adelante en la vida. Sin importar de qué situación estemos hablando, ese alter ego tuyo, esa mejor versión de ti, te va a servir para contarte las historias que necesitas escuchar y para **nulificar** las historias de carencia o fracaso que te estés contando en ese momento de tu vida.

Por eso te comentaba al principio, que utilizar a tu alter ego a tu favor, y de forma controlada, en esas situaciones en las que te descubras contándote una historia de ansiedad, inseguridad, miedo, angustia, etc., es una de las mejores estrategias para darle la vuelta en 180° a cualquier situación que estés viviendo, y no solo contarte la historia que te mereces, sino de hecho, tomar acción y hacerla realidad.

CUÉNTASELO A TU CEREBRO

Una de las herramientas que me ha acompañado a lo largo de mi vida, y la que sé que te ayudará a liberar todo el potencial que tienes, es escribir.

Ya sea a mano (lo que más te recomiendo), en la computadora o en el celular, solo comienza a escribir; es una de las mejores maneras en las que tú misma te estarás contando la historia que estás dispuesta a crear. La que YA estás viviendo en tu interior, la que estás dispuesta a manifestar con toda la luz que habita en ti.

Escribe sobre tu presente; tendrás mayor conciencia de tu realidad actual, plasma en ese papel cómo te sientes, qué es lo que quieres de tu vida, y especialmente lo que estás dispuesta a hacer para lograrlo. La escritura es un hermoso regalo que te permitirá conocerte profundamente.

Lo más importante a la hora de realizar esta actividad, es hacerla un hábito. Escribe acerca de **cómo deseas sentirte** desde el momento en el que lo estés haciendo. Escucha una linda pieza musical mientras lo haces. Te vas a impresionar al descubrir las hermosas frases que salen de tu mente. Vas a descubrir cómo eres capaz, en el ambiente adecuado (creado por ti), de hablarte bonito, de darte valor si es lo que necesitas, de ser tú misma tu mejor coach.

Destina un diario especialmente para ti y hazlo parte de tu rutina, de preferencia, en las mañanas. Cuéntate el día que vas a tener, concéntrate en especial en la manera en la que te vas a sentir durante todo ese día, ¿vas a brillar?, ¿vas a vibrar alto? Dudo mucho que quieras escribir algo como:

"Hoy me voy a quejar de todo, tendré cara de pocos amigos todo el día. Todo me va a salir mal".

¿Verdad que no? Si tú misma, jamás diseñarías así tu nuevo día, pregúntate por qué entonces a veces sales de casa en ese piloto automático. Haz uso de esta herramienta tan sencilla cada mañana de tu vida. Levántate unos veinte minutos antes para que lo hagas con calma y disfrutando el proceso. Escribe para ti, para diseñar tu día, para decretar **y sentir** desde el inicio de la mañana esa vibra en específico que quieres experimentar las próximas doce horas. ¿Cuál será el sentimiento que domine hoy tu día? ¿Te vas a sentir empoderada, feliz, decidida? Date cuenta de que al diseñar tu día conscientemente al escribir, estás diseñando tu vida, y, especialmente, la forma en la que quieres SENTIR. Escribir para mí, es el "café de la mañana" para mi cerebro, hacerlo activa las neuronas y predispone a la mente para continuar con cualquier cosa que se tenga que hacer en tu día. Independientemente de lo que sea, ¿sabes lo que tienes que hacer? ¡VIVIR! ¡SENTIR!

Hay ciertos días que lo más importante para mí, es escribir, ¿sabes cuáles son esos días? ¡Los días malos! Así como lo lees; contarle a mi cerebro malhumorado, triste, histérico (ponga usted aquí lo que mejor le acomode) me ayuda a cambiar el chip casi de inmediato. En un inicio descargo un poco mi frustración, y juro que es como magia. Escribir mi malestar me pone los pies en la tierra; me hace darme cuenta de que sea lo que sea que me esté sucediendo ni es tan malo, ni vale la pena para amargarme el día. Al terminar de escribir mi malestar, inevitablemente viene a mi la frase que me enseñó hace mucho tiempo una mujer muy sabia:

"Si tiene solución, ¿para qué te preocupas?,

Si no tiene solución, ¿para qué te preocupas?".

Y suelto toda la tensión; tanto a nivel físico como mental. Sin embargo, el paso siguiente es el más importante: contarle a mi cerebro cómo sí me siento, cómo sí será mi día. Para ello aplico la famosa frase en inglés "fake it until you make it": "fíngelo hasta que lo logres".

La técnica que me ayuda a lograrlo es la 5 x 55. Se trata de una técnica de la ley de atracción que consiste en escribir por 5 días, 55 veces, lo que quieras manifestar en tu vida; ya sea algo en específico o simplemente la manera en la que te quieres sentir. Puede ser algo como: "Estoy feliz y agradecida porque vivo en abundancia y plenitud" o algo mucho más específico, como los decretos que te he enseñado a diseñar. Digamos que has manifestado un sentido de urgencia, porque ese empleo nuevo no ha llegado, por ende, uno o varios días has despertado triste o de mal humor. Entonces, escribe primero cómo te sientes, sácalo todo, y, después, escribe **repetidamente** algo así:

"Mi nuevo empleo me hace sentir plena y realizada. ¡Mi sueldo me permite vivir holgadamente y me sobra!"

Acuérdate de que el hecho de escribir repetidamente estas frases solo por hacerlo, no te va a llevar a nada. Tienes que sentirlo, creértela y contarle a tu mente que las cosas ya están sucediendo en tu vida en este momento. De nuevo: **sintiéndolo** cada vez que lo escribes. Esto no podría estar más lejos de la típica plana que te dejaba hacer la maestra para mejorar tu letra y tampoco es una carrera contra el tiempo. A mi parecer, realmente no importa si lo haces 5 días 55 veces, o 2 días 22 veces. Lo que me importa aquí, es que con cada palabra que escriba tu mano, lo sientas y te visualices; que tengas la total certeza de que tu deseo ya es un hecho. Si realizas bien esta sencilla práctica, al terminar vas a quedar exactamente con el sentimiento que deseabas generar. ¡Te vas a sentir en paz, plena, o con ganas de comerte al mundo!

A lo largo de todo este libro, y con cada ejercicio que hemos realizado, estoy segura de que ya has experimentado los enormes beneficios que te da la escritura. La manera en la que yo lo veo, es que tener este hábito, te da la oportunidad de echar a volar tu imaginación, de escribirte primero a ti, de hablarte bonito y, sobre todo, de contarte cada día una mejor historia para tu vida.

¡EMPIEZA A ESCRIBIR TU
HISTORIA! ESTE NO ES EL FINAL

"Este no es el final"

- Paola Herrera

Acabo de darte todas y cada una de las herramientas que me han ayudado a lo largo de la vida a contarme una historia de amor, éxito, abundancia y prosperidad. Pero sobre todo, son las herramientas que todos los días utilizo así se caiga el mundo; me enfocan, me centran y me llevan día tras día un poco más lejos. Como te has dado cuenta, el proceso no ha sido de la noche a la mañana y tampoco ha sido fácil. Han pasado muchos años en este viaje que aún no termina. He caído y me he vuelto a levantar muchas veces, he vivido momentos llenos de luz y de oscuridad total. Momentos en los que pensé que no podía más, pero lo logré: pude transformar mi vida de maneras que jamás imaginé que fueran posibles. Soy la prueba de que estas herramientas funcionan y de que, si eres perseverante y te enfocas, te darán resultado. Estoy aquí para demostrarte que si yo pude, tú también puedes, solo observa y cuéntate la historia que deseas vivir, la que te mereces.

Deseo que este pequeño libro sea tu compañero en tu viaje de crecimiento personal y que cada vez que necesites recordar una historia en específico relacionada con tus capacidades, con tu vida profesional, tu pareja o lo que sea, vuelvas a él. ¡Que lo uses hasta que se gaste si es necesario! Márcalo, pon notas, citas, separadores, lo que necesites para que realmente lleves a la práctica diaria sus consejos. Como te dije al inicio, tu vida no va a cambiar solo por leer este libro; va a hacerlo si aplicas conscientemente estos consejos día tras día, si los haces tuyos y los conviertes en hábitos, *si aprendes a contarte la historia que te mereces,* la que quieres hacer realidad.

Tu vida no va a cambiar solo por leer este libro. No funciona así, por eso compartí contigo **mi estilo de vida**, el cual puedes comenzar a vivir con el uso de mis hojas de actividades de *La historia que te cuentas*. ¡Úsalas! Hazlas tuyas. Plasma en ellas cada día un pensamiento en el cual te cuentes una historia hermosa, llena de amor, que te empodere, que te recuerde los consejos que aquí te he compartido. Crea en ellas tu tablero de visión, haz tu carta y tus decretos. Léelos constantemente, permíteles recordarte la nueva historia que te has diseñado. Personalízala con stickers, con dibujos, fotos, frases, ¡lo que sea, y compártemelas!

A través de tu propia experiencia con la nueva historia que decidas contarte, podrás evaluar tus resultados, modificarlos y adaptarlos de acuerdo a tus necesidades. Pero sobre todo, podrás compartir con los demás tu nueva historia. Te aseguro que, si eres disciplinada con tus nuevas herramientas, la gente a tu alrededor comenzará a notar los cambios. Te suplico que si este libro te ha ayudado, no te lo quedes solo para ti, ¡recomiéndalo! Comparte en tus redes las enseñanzas que te ha dejado, lo que te ha recordado y lo que te ha hecho descubrir. Si ha mejorado tu vida, ¡cuéntale a la gente! Regálalo a esa persona que necesite estos consejos, alguien que pueda cambiar su historia con solo contársela de otra manera.

Y por supuesto, ¡comparte tus comentarios conmigo! Sigue en Instagram a la cuenta **@lahistoriaquetecuentas** y usa el hashtag **#lahistoriaquetecuentaslibro** y **#lahistoriaquetecuentas** para mostrarme cómo los usas. Sube fotos de tu tablero, de las frases que más te hayan gustado. No puedo esperar para leer tus comentarios y saber de tu experiencia después de usar estas herramientas. Ahora te toca a ti practicarlas, hacerlas tuyas, rediseñarlas y ver los resultados. Llénate de luz, ábrete a la abundancia que mereces y deja fluir todo ese amor que vive en ti.

También recuerda visitar www.lahistoriaquetecuentas.com y registrarte para recibir promociones y noticias de este movimiento. ¡Es gratis!

¿Estás lista para comenzar a contarte la historia

más hermosa de tu vida?

¡La que tú diseñes!

Con amor,

Paola Herrera

AGRADECIMIENTOS

Una de las enseñanzas de este libro es la de agradecer, por lo que no podría terminar sin expresar mi gratitud hacia las personas que lo hicieron posible.

Este libro no existiría sin ustedes mis amores, así que mi primer agradecimiento va porque siempre han estado ahí, en aquellos videos que grababa aún con miedo, pero con la esperanza de llegar a la gente. Gracias por dar clic, gracias por escucharme. Gracias por siempre estar ahí, año tras año, apoyándome. Por escribirme para contarme sus problemas y por la confianza que depositan en mí para pedirme un consejo. Pero sobre todo, gracias a quienes me enviaban mensajes diciéndome: "¡Por favor, escribe un libro!", ustedes me contaron la historia de que podría hacerlo, ustedes lo inspiraron, ustedes hicieron que me creyera capaz, y por ello les estaré eternamente agradecida. Ojalá existiera una palabra más fuerte que un simple "gracias", me quedo corta para expresarles todo lo que significan para mí. Así que, nuevamente y para siempre, gracias.

Al Señor Herrera. Enrique. Mi amor, eres uno de los más grandes regalos que me ha dado la vida. Gracias por brindarme siempre tu apoyo incondicional, pero especialmente por estar ahí, al pie del cañón en los meses en los cuales escribí este libro. Gracias por no dejarme caer y por ser mi más grande apoyo, mi amigo, mi pareja, mi socio y mi cómplice en este gran viaje llamado vida. Gracias por esos largos días en los que me apoyaste incondicionalmente después de tu trabajo para ponerte a editar mis videos con tal de que yo siguiera escribiendo. Gracias, porque cuando todo se complicó, fuiste mi mayor pilar. Gracias por ser el mejor padre y esposo, por ser quien vuela a mi lado y por ser el viento bajo mis alas. Desde que llegaste a mi vida, mi historia es aún más bella. Gracias por ser mucho más de lo que le pedí al universo. Gracias, mi Señor Herrera.

A mi mamá (aquí tengo que hacer una pausa para llorar como Magdalena). Madre, sin ti simplemente no estaría donde estoy hoy. Gracias por tu apoyo incondicional en cada momento de mi vida; especialmente en los más oscuros y deprimentes. Siempre estuviste ahí. Gracias por haberme dejado volar lejos para poder recuperarme. Gracias por haberme enseñado a luchar por lo que quiero, por ser mi mayor fan (a todo el mundo le dice que se suscriba a mi canal). Gracias por apoyarme cuando te dije que dejaría de trabajar para descubrir mi misión en esta vida; tardé algunos años, pero la encontré. Gracias por ser mi único apoyo cuando pensé que me moría, por ser una segunda madre para Sofía, por quererla tanto como la quiero yo. Por ser mi modelo en mis videos de mis aparatos faciales, por acompañarme a comprar en el último momento aquello que faltaba para mis videos de manualidades. Gracias por contarme la historia de que recuperaría mi salud, por recordarme tener fe para poder lograrlo. Gracias, mamá. Gracias siempre.

A mi Sofía (vuelvo a llorar... mucho). Eres mi inspiración para salir a vivir la vida cada día. Mi muñequita hermosa, este libro es para ti, para que recuerdes que siempre tendrás la opción de contarte una historia mejor, de verte al espejo y creer en ti, de sacar esa fuerza y determinación que te caracteriza para salir al mundo a crearte la vida que te mereces. Siempre estaré a tu lado. Aunque a veces trabajo demasiado, en este momento, aunque eres aún muy pequeña, sé que entiendes que es por un motivo: tú. Gracias por ser la nena más perfecta, cariñosa, inteligente y graciosa. Te amo más de lo que las palabras pueden expresar. Desde que llegaste a mi vida, mi historia se volvió una historia del más inmenso amor. Gracias, mi angelito. Eres el regalo más hermoso que me dio la vida. Gracias por inspirarme tanto. Sigue brillando mi princesa.

A Maitane. Gracias por enseñarme que el amor de madre viene en muchas formas y colores. Grábate en la cabeza que, si bien no naciste de mi vientre, naciste en mi corazón y por ello te estaré siempre agradecida. Eres ese pedacito que nos faltaba a Sofía y a mí para formar el club de las chicas. Gracias por ser tan buena hija y mejor hermana. Tu alegría y tu forma de ver la vida nos han enseñado muchas cosa nuevas a todos. Gracias por tus locuras y ocurrencias. Te amo, mi niña. Gracias por ser la nena más perfecta, cariñosa, inteligente y graciosa. Te amo más de lo que las palabras pueden expresar. Desde que llegaste a mi vida, mi historia se volvió una historia del más inmenso amor. Brilla más y más, siempre.

AGRADECIMIENTOS

A mi tío Raúl, por editar este libro, por sus maravillosos comentarios finales, y por haberlo hecho de una manera tan profesional. De corazón, muchas gracias.

¡Al buen Yasmany! @holayasmany. Amigo del alma. Muchas gracias por ser mi "papá de YouTube", por decirme que mi libro sería un éxito después de leer el primer capítulo. Por escucharme en mis dramas y en mis alegrías, por ser un amigo verdadero. Tú y Luis son parte de mi familia. Amo tenerlos en mi vida.

A tres mujeres importantes en mi vida: Lucía, Karina y Vania.

Gracias Lucía, por ser excelente líder y mentora, gracias por emocionarte cuando te conté que estaba escribiendo mi primer libro y por inspirarme cada día a ser una mejor madre, esposa, empresaria y líder. Gracias por tu amistad y por recordarme la importancia de la fe en la vida. Muchas gracias.

Kary, gracias amiga por siempre echarme porras en mis proyectos, por creer en mí y por ser mi primera suscriptora en el canal. Por tus críticas constructivas que valoro tanto. Por tu asesoría y apoyo en los momentos difíciles de este año. Por llorar conmigo. En mi lista de agradecimientos siempre estará tu amistad. Gracias por ser una verdadera amiga. Por ser también una mujer de fe, exitosa y sumamente valiosa. Aportas mucho a mi vida. Muchas gracias de corazón, Kary.

A Vania, mi asistente; gracias por ser mi brazo derecho, por subirte al barco conmigo, por ver mis proyectos como tuyos y por trabajar en excelencia. Por las veces que me decías

"¡Tú escribe! Yo me encargo". Soy afortunada de contar con personas como tú en mi equipo. Muchas gracias, por incluso apoyarme con ¡la crisis del vestido de novia! Muchas gracias por tu empeño, esfuerzo y trabajo duro. Muchas gracias.

A "Ana". Gracias, hermana, por encontrarme. Hoy sé que puedo llamar a alguien hermana, y qué mejor que a ti. Una gran mujer con una fortaleza y nobleza que me resultan muy familiares. Gracias, "Ana". (Esta historia continuará).

A mi Nadim. Mi cielo: quiero que sepas que tú salvaste mi corazón desde el primer momento en que te vi. Siempre dices que yo te he ayudado, pero la verdad es que con esa dulzura y luz inmensa que te caracteriza me devolviste la vida y las ganas de salir adelante. Gracias por permitirme quererte tanto, se me llena el pecho de orgullo y de amor al pensar en el maravilloso hombre en el que te has convertido. No vives en mi corazón, eres parte de él. Gracias por enseñarme, sin saberlo, a amar de esta manera. Eres uno de los regalos más hermosos que me ha dado la vida. Gracias, mi niño, por existir. Te amo más de lo que las palabras pueden expresar.

Y a todos los que directa o indirectamente me apoyaron en el camino de la realización de este proyecto.

Muchas gracias,

Paola

ACERCA DE LA AUTORA

El gusto por disfrutar la vida, salir adelante, desafiar las adversidades y tomar decisiones se convirtió en un estilo de vida para ella. Hoy, después de más de media década, Paola Herrera ha alcanzado el reconocimiento de ser una influencer y youtuber real por su más de un millón de seguidores en sus redes sociales y canal de YouTube.

Su inicio en redes fue un escape para ella, una forma de seguir activa mientras se recuperaba de una enfermedad. Llevaba ya dos años luchando y, en cuanto comenzó a sentirse un poco mejor, decidió que si aún no podía trabajar en una empresa, entonces crearía su propio camino. Comenzó con un blog escrito, el cual, a petición de sus seguidores (muy pocos en aquel entonces), alimentó con videos de YouTube. El resto es historia.

Comenzó con una de sus pasiones, que es el maquillaje, pero siempre supo que su mensaje sería mucho más profundo. Las duras experiencias que le había dado la vida y sus aprendizajes debían ser compartidos, solo que no era el momento aún.

Poco a poco, comenzó a recibir mensajes en los cuales sus seguidoras le comentaban lo bien que se sentían con ellas mismas después de haber aplicado algún consejo de belleza, literalmente, sus videos eran un pequeño granito de arena para que sus seguidoras se sintieran felices, ¡y esto le llenaba el alma!

Aquellos mensajes también eran cartas interminables en las cuales sus seguidoras le contaban a Pao sus problemas personales y pedían consejos. El momento había llegado. Así que comenzó su serie de desarrollo personal, finanzas y ley de atracción.

La principal cualidad de Paola es la honestidad y la empatía que genera en sus contenidos digitales. Sus historias de éxito, vividas en carne propia, las transmite a su comunidad con la única intención de que las personas descubran su poder interior, que sepan que los sueños se pueden hacer realidad, que sí somos capaces de alcanzar nuestras metas y de decretar y obtener lo que queremos y que sí somos merecedores.

Durante su trayecto en YouTube, ha desarrollado diferentes negocios en los cuales es sumamente exitosa. Ella misma es un ejemplo de lo que predica, mostrándonos día a día cómo se puede seguir superándose uno mismo y seguir creciendo. Siempre está ahí para sus seguidores, dando tips de negocios, finanzas personales, inteligencia emocional y claro, siempre la belleza.

Constantemente busca nuevos retos y desarrolla nuevas ideas para estar siempre un paso adelante y seguir apoyando con sus consejos a las cientos de miles de personas que la siguen.

Madre, futura esposa y una persona con gran sensibilidad humana, esa es Paola.

VIDEOS DE REFERENCIA

¡Recuerda que puedes buscarlos en mi canal de YouTube! O simplemente abre la cámara de tu celular y escanea el código del video que desees ver.

Por qué lo dejé página 37
https://www.youtube.com/watch?v=hy_hOrMOq3M&t=4s

Más que un asalto
https://www.youtube.com/watch?v=Tuag08-axWU

Mi compromiso en París
https://www.youtube.com/watch?v=s-bw5RlHKx0&t=198s

Cómo programar tu mente para el éxito
https://www.youtube.com/watch?v=MyMIm4lU1fs&t=559s

¡VIBRA ALTO! (La raqueta)
https://www.youtube.com/watch?v=VFeoxBExs2o

Cómo lidiar con personas tóxicas
https://www.youtube.com/watch?v=y0WrJm-F_DU&t=196s

Mis jefes desquiciados
https://www.youtube.com/watch?v=jIzGzoEsKpA&t=723s

Cómo mejorar tu relación con el dinero
https://www.youtube.com/watch?v=ruYuXKxqGMI

Playlist de finanzas personales
https://www.youtube.com/playlist?list=PLG02fZS-6W8wBtVM4g6tMuHRtRZ4ujWWw

Mi vida en Londres

https://www.youtube.com/watch?v=zkC-XxG2tB0&t=40s

Mi rutina de mañana

https://www.youtube.com/watch?v=f1TjtRzDNtg&t=27s

VISION BOARD

https://www.youtube.com/watch?v=l6ASHXeides&t=68s

https://www.youtube.com/watch?v=BYFf4AL4UnQ

17 segundos

https://www.youtube.com/watch?v=vOPmUvdbLKg

Cómo hacer decretos poderosos
https://www.youtube.com/watch?v=pXYGvztxboA

ASMR para el éxito
https://www.youtube.com/watch?v=iOg5MKDe3_c

MI ALTER EGO

https://www.youtube.com/watch?v=yIGVP4lgZbA

TÉCNICA DEL 5 X 55

https://www.youtube.com/watch?v=615JT1F1IuY&t=6s

HO´OPONOPONO

https://www.youtube.com/watch?v=02fyP_eYbTg